세계 최강의 브랜드를 만든다면

15
지식
+
진로

세계 최강의
브랜드를 만든다면

전주언 지음

케이팝부터 메타버스까지 마음을 사로잡는 브랜딩

다른

사회과학

마케팅

예술·체육학

자연과학

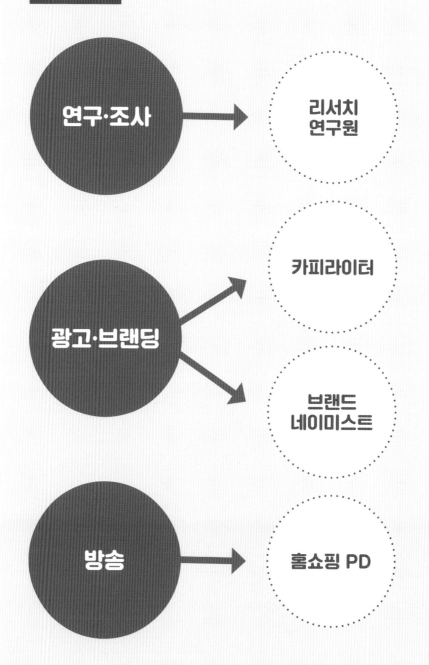

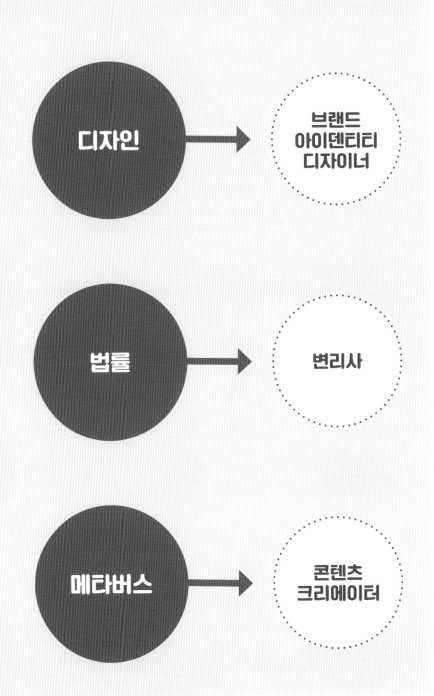

24시간 편의점에서도 못 구하는 제품이 있다? 작년 한 해 동안 1020 세대 사이에서 많은 인기를 누렸던 빵이 있다. 바로 '포켓몬 빵'과 'CU 연세우유 생크림빵'이다. 많고 많은 빵 중에서 왜 유독 두 브랜드가 인기 있었을까? 맛있어서? 아니면 건강에 좋아서?

우리는 매년 겨울만 되면 인터넷에서 '패딩 계급'과 '등골 브레이커'라는 말을 쉽게 찾아볼 수 있다. 십대에게 인기 있는 다양한 (그리고 비싼) 패딩 브랜드가 인터넷 상에 홍보되면, 부모님은 이를 사줘야 할지 말아야 할지 심각한 고민에 빠진다. '○○○ 패딩이 정말 따뜻한가? 얼마나 오래 입을 수 있지? 겉멋만 들어서 말이야. 굳이 이렇게 비싼 패딩을 사줄 필요가 있을까?' 뉴스는 유명 브랜드 때문에 십대가 과소비포켓몬빵와 과시 소비고가의 패딩 브랜드를 하게 된다고 말한다.

물론 청소년에게 과소비를 조장하고 물질 만능주의를 학습시키는 브랜드가 일부 있을 수는 있다. 하지만 브랜드는 친구와의 추억을 만들어 주고롯데월드, 공부 동기를 자극하며작심 스터디 카페, 환경 보호의 필요성을 느끼게 하기도 한다파타고니아. 그뿐만 아니라 마이클 조던처럼 자기 분야에서 성공한 사람이 될 수 있도록 롤 모델을 제시한다에어 조던. 좋은 의미로든 나쁜 의미로든, 브랜드는 이처럼 우리 일상과 매우 밀접하게 이어져 있다.

　브랜드를 만들고 알리는 과정인 브랜딩은 이제 기업 경영인이나 마케터에게만 필요한 것이 아니다. 요즘은 '퍼스널 브랜딩' 시대다. 1인 기업이나 유튜버, SNS 인플루언서 한 사람이 대기업이나 공영 방송만큼 사회에 큰 영향을 끼친다. 누구나 콘텐츠를 만들고 전파할 수 있게 되면서 우리 한 사람 한 사람이 얼마든지 브랜드가 될 수 있는 것이다. 자신만의 개성과 철학, 가치를 돋보이게 하는 브랜딩은 미래를 준비하는 청소년에게도 필요한 능력이 될 것이다.

　지금은 세상에 없는 인물이어도 우리는 역사적 기록을 통해 과거의 인물들을 기억하고 떠올릴 수 있다. 물론 어떤 기록이냐에 따라 우리가 떠올리는 인물에 대한 이미지는 다르다. 존경받는 인물도 있고 또 그렇지 않은 인물도 있다. 위인까지는 아니더라도, 사람들은 모두 자기 이름이 오랫동안 좋은 인상으로 남길 바란다.

브랜드도 마찬가지다. 모든 브랜드는 오래 사랑받는 가치 있는 브랜드로 성장하길 원한다. 이제부터 여러분이 하나의 브랜드를 직접 만든다고 상상해 보자. 여러분의 브랜드가 사랑받으려면 어떻게 해야 할까? 기억에 남는 멋진 이름? 눈을 사로잡는 세련된 디자인의 로고? 아니면 귀여운 캐릭터? 물론 멋진 이름에 세련된 로고의 브랜드라면 이목을 끌 수 있을 것이다. 하지만 그보다 더 중요한 것이 있다. 바로 우리 브랜드를 통해 고객에게 어떤 '약속'을 할 것인지 먼저 생각해야 한다.

나는 매 학기 개강하는 날마다 수업 시간에 내 이름을 한자로

적고, 이름의 뜻과 그 뜻을 실천하며 사는 방법을 학생들에게 말해 준다. 그리고 그 방법을 실천하며 살 것을 학생들에게 '약속'하고, 실제로 약속을 지키기 위해 노력한다. 이러한 노력이 성공적인 브랜드 관리의 첫걸음이라는 걸 잘 알기 때문이다.

이 책은 여러분이 세계 최강의 브랜드를 만들기 위한 아주 기초적인 원칙들을 알려준다. 여러분은 브랜드를 개발하는 과정에서 경험하는 고민을 이 책을 통해 해결할 수 있을 것이다. '브랜딩'이라는 분야가 청소년에게 아직 생소하다 보니, 낯선 개념과 용어를 이해하기 쉽게 최대한 풀어서 쓰려고 노력했다. 또한 현재 이 분야에서 일하고 있는 사람들의 인터뷰를 통해 실무에 꼭 필요한 정보를 제공하고자 했다. 자, 이제 1장부터 "브랜드가 대체 뭔데?"라는 질문으로 우리의 여정을 시작해 보자.

차례

1장 브랜드가 도대체 뭔데?

2장 살아 움직이는 브랜드

3장 미래의 브랜드는 어떤 모양일까?

4장 나도 브랜드가 될 수 있을까?

1장

브랜드가
도대체 뭔데?

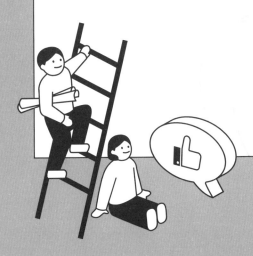

브랜드를 만들 때, 고객에게 어떤 약속을 할 수 있는지를
가장 먼저 고민해야 한다.

브랜드는 약속이다

우리는 이제부터 브랜드란 무엇인지 그리고 브랜드가 회사 또는 단체를 운영하는 데 얼마나 중요한 역할을 하는지 이해하기 위한 여정을 떠날 것이다. 그리고 이 여정이 끝날 때쯤에는 어떻게 하면 앞으로 여러분의 이름에 걸맞은 '이름값'을 할 수 있을지 알게 될 것이다.

소 엉덩이에서부터 시작된 브랜드

"주말이라 점심에 맥도날드에서 친구들을 만나 빅맥을 먹었어요. 빅맥을 먹을 때는 코카콜라를 안 마시면 섭섭하죠. 점심을 대충 해결하고 작심 스터디 카페에 가서 다음 주에 있을 중간고사 공부를 하려는데, 친구가 아이스크림이 먹고 싶다고 해서 배스킨라빈스 31에 갔어요. 저는 어렸을 때부터 즐겨 먹던 엄마는 외계인을 골랐죠. 친구가 아이폰으로 BTS 멤버 뷔가 올린 인스타그램 스토리를 보여 주길래 같이 보면서 아이스크림을 먹었더니 어느새 한 통을 다 비웠지 뭐예요. 스터디 카페에 도착해서 메가스터디 영어 인강을 들으려고 아이패드를 켰는데 배터리가 얼마 안 남았더라고요. 충전기도 안 가져왔는데. 물리 숙제나 하려고요."

여기서 몇 개의 브랜드가 등장했을까? 두 개? 아홉 개? 정답은 열두 개다. 한번 확인해 보자.

맥도날드, 빅맥, 코카콜라, 작심 스터디 카페, 배스킨라빈스 31, 엄마는 외계인, 아이폰, 인스타그램, BTS, 뷔, 메가스터디, 아이패드

맥도날드, 코카콜라, 아이패드는 브랜드라고 쉽게 이해할 수 있지만, 엄마는 외계인과 뷔도 브랜드에 포함하는 것이 맞을까? 우리가 알고 있는 브랜드의 이미지를 생각해 보면, 어딘지 어색하다. 과연 아이스크림 이름과 사람 이름도 '브랜드'에 포함할 수 있을지 의심스럽다.

먼저 브랜드의 사전적 정의부터 알아보자. 브랜드 분야의 권위

있는 학자인 데이비드 아커 교수는 그의 저서에서 브랜드를 "판매자의 제품 또는 서비스를 경쟁사와 차별화하기 위해 사용하는 이름과 상징물로, 트레이드마크 혹은 포장 디자인의 결합체"로 정의한다. 우리나라에서는 브랜드를 '상표'라고 부르기도 한다. 고려대 한국어 사전에서는 상표를 "경제 사업자가 자신의 상품을 다른 상품과 구별하거나 그 고유성을 나타내기 위해서 드러내는 기호나 문자, 도형 따위의 표지"라고 정의한다.

사과가 그려진 스마트폰을 보고 우리는 '아, 애플에서 만든 아이폰이구나'라고 생각할 수 있고, 매장 앞에 방송인 백종원의 캐리커처가 그려진 간판을 보고 빽다방인 것을 쉽게 알아챌 수 있다. 아이폰과 빽다방은 우리가 어렵지 않게 판별할 수 있는 브랜드다.

사전적 정의만 보면 브랜드는 자기가 만들고 판매하는 제품 또는 서비스를 드러내기 위해 사용하는 이름이나 로고일 뿐이라고 생각할 수 있다. 하지만 브랜드는 그것 이상으로 중요한 역할을 한다. 약 200년 전으로 돌아가 조선 시대 우리의 모습을 상상해 보자.

'내일이면 어머니 생신인데, 우牛시장에 가서 소 한 마리 잡아야겠다. 그런데 시장에 나온 소들이 다 비슷비슷하게 생겼는데, 어떤 녀석을 골라야 하나. 여섯 달 전에 먹었던 전주언 양반댁 소가 정말 맛있었는데. 어디서 그 소를 찾지? 가만있자. 아! 저기 있네. 저 녀석 엉덩이에 '전주언' 이름이 새겨져 있군. 그래. 이번 어머니 생신에는 저놈으로 해야겠다.'

브랜드의 기원에 대해서는 많은 이야기가 있지만, 옛날 노르웨이에서 가축의 소유주가 자기 가축에 찍은 낙인인 'brandr'가 그 기원이라는 설이 우세하다.

소 엉덩이에 찍혀 있는 '전주언 양반댁' 낙인은 부드러운 육즙의 맛있는 소라는 것을 약속하는 보증이며, 구매자 입장에서는 다 비슷해 보이는 소들을 비교 평가하는 수고로움을 덜어주는 표시가 될 수 있다.

지금도 그렇지만 소를 키우지 않는 사람은 수많은 소가 모여 있는 우시장에서 좋은 소를 가려내기가 쉽지 않다. 소 구매를 고려하는 소비자로서는 이왕이면 가장 좋은 소를 고르고 싶은 마음이 당연하다. 그러므로 소비자는 과거에 구매했던 기억을 떠올려 ○○○이 키운 소는 사도 괜찮고, △△△가 키운 소는 절대 사면 안 된다는 나름의 기준으로 구매를 결정한다. 소를 키운 사람의 이름이 바로 브랜드 역할을 하는 것이다.

브랜드, 약속의 증표

과거에는 브랜드가 생산자를 알려주는 표식일 뿐이었다면, 최근에는 그 이상의 역할을 맡게 되었다. 바로 '고객과의 약속을 꼭 지키겠다고 말하는 수단'이 된 것이다.

맥도날드는 간편하게 끼니를 해결해 주겠다고 약속하고 빽다방은 가성비 좋은 커피를 제공할 것을 약속한다. 포스트잇은 기억해야 할 메모를 쉽게 탈부착할 수 있음을 약속하고, 나이키의 에어맥스는 기분 좋은 착화감과 멋진 스타일을 약속한다. 삼양식품의 불닭볶음면이 사람들에게 그토록 인기 있는 이유는 뭘까? 바로 혀의 감각을 잃을 정도로 강렬한 매운맛을 확실히 약속하기 때문이다.

이처럼 현대 사회에서 브랜드는 단순히 어느 기업이 만든 제품인지 알려 주는 역할을 넘어 소비자가 기대하는 편익을 약속하는 수단이 되었다. 무더운 여름날 심한 갈증을 느낄 때 코카콜라브랜드를 찾는 이유는 과거에 코카콜라의 시원함편익을 경험한 적이 있기 때문이다. 그러므로 브랜드를

> **편익**
>
> 편익이란 자신이 지불한 비용으로 얻게 되는 만족감을 화폐 가치로 표현한 개념이다. 경제학 용어로 효용이라고도 한다.

만든다는 것은 단순히 세련된 이름을 짓고 그에 맞는 그럴싸한 로고를 만드는 것이 아니다. 브랜드에 생명을 불어넣는 정체성identity을 구상하는 것이 브랜드 개발의 시작이다.

내 이름은 전주언全柱彦이다. 주柱는 기둥을 뜻하고 언彦은 선비를 뜻한다. 내 이름을 지어 준 우리 아버지는 내가 성인이 되면 나라에 작게나마 도움을 줄 수 있는 학자가 되길 원했다. 하지만 아버지는 이름 짓는 법은 잘 몰랐다. 그래서 작명가의 도움을 받아 '전주언'이라는 이름을 지었다. 이름을 먼저 만들고 그 후에 뜻을 끼워 맞춘 게 아니라, '나라의 학자'라는 뜻정체성을 바탕으로 이름을 만든 것이다.

브랜드 정체성은 특정 브랜드의 철학이자 변하지 않는 본질이며 소비자와의 약속이다. 우리는 세계 어느 나라를 가든 맥도날드의 가성비 좋은 큰 햄버거인 빅맥을 만날 수 있다. 세 장의 빵과 두 개의 패티 사이에 양상추, 피클 그리고 치즈가 끼워져 있는 빅맥은 1967년부터 전 세계 모든 맥도날드 매장에서 판매되고 있다. 55년이라는 긴 세월 동안 빅맥은 '바쁜 현대인을 위한 간편하고 푸짐한 한 끼'를 약속했고, 지금도 우리는 간편하게 끼니를 해결하기 위해 맥도날드를 찾는다.

맥도날드는 빅맥이 건강식이라고 말하지 않는다. 전 세계 소비자들도 빅맥이 건강식 메뉴라고 생각하지 않는다. 그리고 이것이 바로 빅맥의 정체성이다.

자, 이제부터 새로운 브랜드를 직접 만든다고 가정해 보자. 무엇을 가장 먼저 고민해야 할까? 멋진 이름? 세련된 디자인의 로

전 세계 어디를 가도 똑같은 빅맥을 먹을 수 있다.

고? 유행을 이끄는 제품 디자인? 이 모든 질문은 다음 질문에 먼저 답한 뒤에 이어져야 한다. '나의 브랜드는 고객에게 과연 어떤 약속을 해야 할까?'

브랜드 옷 입히기

나만의 브랜드를 만든다고 하면 대부분 세련된 브랜드 이름과 그에 어울리는 창의적인 로고를 어떻게 만들지부터 생각한다. 그러나 브랜드 정체성을 먼저 결정해야 그에 걸맞은 이름을 부여하고 어울리는 옷을 입힐 수 있다.

브랜드 이름은 멋지고 봐야 할까?

사과: 사과나무의 열매. 8~9월에 익으며 색깔이 붉고 맛은 새콤달콤하다. 세는 단위는 개, 알, 접[100개] 등이다.

이 책을 읽는 여러분 중에 사과를 모르는 사람은 아마 없을 것이다. 그런데 사과를 영어로 하면? 바로 애플[apple]이다. 우리는 애플을 잘 알고 있다. 애플은 사과를 뜻하는 영어 단어일 뿐만 아니라 전 세계 스마트폰 중 65%의 시장 점유율을 기록한 아이폰의 제조업체이기도 하다.

아이폰에 새겨져 있는 애플의 로고는 주변에서 쉽게 찾아볼 수 있다. 누군가 한입 베어 먹은 흔적이 있는 사과가 바로 애플의 로고다. 애플이라는 이름은 기억하기도 쉽고 발음도 익숙하지만 그다지 세련된 이름은 아닌 것 같다. 애플의 로고 또한 사과 모양이라는 걸 쉽게 알 수 있지만, 창의적인 디자인이라고 보기는 힘들 것 같다. 그런데도 2023년 현재 애플은 전 세계에서 가장 강력한 브랜드 자산을 보유하고 있다.

> **브랜드 자산**
>
> 어떤 제품의 가치에 브랜드 이름이 가져다주는 추가적인 가치를 말한다. 이는 제품이 주는 기능적인 혜택을 넘어선다.

케이팝을 앞장서서 이끄는 BTS 역시 마찬가지다. 잘 알다시피 BTS는 원래 방탄소년단이라는 이름으로 시작했다. 방탄소년단에서 '방탄'은 젊은 세대가 살아가면서 겪는 고난을 의미한다고 한다. 하지만 이름 자체만 보면 그다지 멋진 이름은 아닌 것 같다. 글로벌 시장에 진출하면서 해외 팬들에게 쉽게 기억되기 위해서 BTS로 활동명을 정한 것은 최고의 선택이었다. '방탄소년단'은 외국인이 발음하기도 까다로우니 말이다.

이처럼 나만의 브랜드를 만든다고 하면 대부분 세련된 브랜드 이름과 그에 어울리는 창의적인 로고를 어떻게 만들지부터 생각

누군가 한입 베어 먹은 듯한 사과 모양의 로고를 보면 그것이 애플 제품임을 단번에 알 수 있다.

한다. 실제 현장의 상황도 다르지 않다. 브랜드를 개발하는 브랜드 개발자들은 다음과 같은 요구 사항을 흔하게 듣는다.

"이름을 멋지게 지어 주세요."
"그 이름에 걸맞게 아름다운 서체로 부탁합니다."
"로고 디자인이 예쁘면 좋겠어요."

그럼 숙련된 개발자들은 이렇게 대답한다.

"이름을 짓기 전에 먼저 고객들에게 어떤 제품으로 기억되길 원하십니까?"

무엇보다 중요한 것은, 이름과 디자인을 고민하기 전에 브랜드 정체성을 분명히 정해야 한다는 것이다. 정체성은 곧 고객과의 약속이다. 약속이 잘 지켜지면 고객은 그 브랜드를 기억하고 또 구매할 것이다.

브랜드를 만드는 네 가지 단계

다음 도표는 앞서 소개했던 데이비드 아커 교수가 제안한 '브랜드 정체성 개발 모델'이다. 브랜드를 개발하는 과정은 도표의 위에서 아래로 이어지는 순서를 거친다. ① 전략적 상황 분석 ② 브

랜드 정체성 확립 ③ 가치 제안 ④ 브랜드 표현 요소_{이름, 로고, 포장 용}

기_등 선정 과정 순이다. 브랜드를 만든다고 하면 흔히 가장 먼저 떠올리는 이름, 로고, 포장 용기 같은 요소는 사실 가장 마지막 단계에 결정한다. 일단 그 브랜드의 정체성을 먼저 정해야 그에 어울리는 이름을 짓고 옷을 입힐 수 있다.

먼저 첫 번째는 상황을 전략적으로 분석하는 단계다. 새로운 브랜드를 소개하기 전에 일단 시장, 고객 그리고 경쟁 기업들을 체계적으로 조사하고 분석하는 과정이 필요하다.

> **가치 제안**
>
> 제품(서비스)을 구매함으로써 고객이 얻게 되는 혜택으로, 고객이 제품을 선택해야 하는 명확한 이유이기도 하다.

상황 분석을 마치면 브랜드 정체성을 개발하는 단계로 넘어간다. 이 단계에서는 독특하고 차별화된 브랜드 정체성을 개발해야 한다. 브랜드는 고객과의 약속인데, 이 약속이 다른 경쟁 브랜드와 차별점이 있어야 고객이 관심을 갖고 기억할 것이다. 남들과 똑같은 약속을 제안한다면 고객은 익숙한 브랜드를 고수하지 굳이 새로운 브랜드를 찾지 않는다.

다음으로 브랜드 정체성에 기반한 가치 제안 단계다. 우리는 "그럴 만한 가치가 있어?"라는 질문을 종종 던진다. 그리고 내가 들이는 시간이나 돈에 비해 그 물건이 쓸모 있거나 서비스가 만족스러우면 우리는 가치가 있다고 판단한다. 여기서 말하는 '가

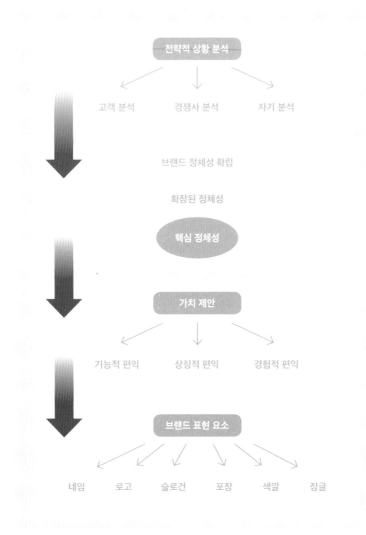

브랜드 정체성을 개발하는 네 가지 과정

치'를 브랜딩 분야에서는 '가치 제안'이라고 한다. 가치 제안은 크게 세 가지로 구분하는데, 자세한 내용은 다음 장에서 다룰 것이다.

가치 제안을 하게 되면 마지막으로 브랜드 구성 요소를 정한다. 무형의 브랜드 정체성을 고객이 직접 볼 수 있도록 이름, 로고, 서체, 색채, 포장, 캐릭터 등의 요소를 선정하는 것이다.

브랜드 구성 요소를 정하는 데에는 총 다섯 가지 원칙이 있다. 첫째, 기억하기 쉬워야 한다. 발음하기도 어려운 이름이나 과도하게 복잡한 로고 디자인은 브랜드 인지도를 높이는 데 있어서 해가 된다. 둘째, 정체성이 잘 반영된 의미를 지녀야 한다. 셋째, 글로벌 시장에 진출하는 과정에서 문제가 생기지 않아야 한다. 넷째, 빠르게 변하는 시장 환경에 뒤처지지 않아야 한다. 그리고 마지막으로 경쟁사가 쉽게 따라할 수 없도록 법적으로 보호받을 수 있어야 한다. 어렵게 브랜드를 개발했는데 남들이 그대로 베끼면 안 되지 않겠는가?

위의 과정을 충실하게 따라 새로운 브랜드를 만들었다면 이제부터 그 브랜드가 빛을 볼 수 있는 방법을 고민하고 브랜드 정체성과 브랜드 이미지를 일치시키기 위한 전략을 짜야 한다.

불닭볶음면에서 토마토 맛이 난다면?

오디션 프로그램에 대한 대중의 관심이 뜨겁다. <슈퍼스타K>를 시작으로 <프로듀스101>, <쇼미더머니>, <미스터트롯>, <케이팝스타>, <슈퍼밴드> 등 각 방송국에서는 다양한 장르의 오디션 프로그램을 선보이고 있다. 이 중에서 가장 높은 시청률을 기록한 장수 오디션 프로그램은 무엇일까?

바로 KBS <전국노래자랑>이다. 1980년 11월에 첫 방송을 시작했으니 역사가 상당히 길다. KBS 홈페이지에 들어가면 <전국노래자랑>을 이렇게 소개한다.

"각 지역에서 예심을 통과한 출연자들이 보여 주는 즐거운 노래와 재치의 대결. 아울러 향토색 짙은 각 고장의 자랑거리로 시청자들에게 꾸밈없는 웃음, 추억과 감동을 선사하는 프로그램."

이 소개말에 <전국노래자랑>의 브랜드 정체성이 잘 나타나 있다. <전국노래자랑>은 지난 42년간 매주 일요일 낮 12시가 되면 어김없이 찾아와 평범한 동네 사람들이 노래 부르고 춤추는 모습을 보여 주었고, 이 약속은 한 번도 깨진 적이 없다. 이 프로그램의 진행자이자 상징적인 인물인 송해가 2022년 6월 세상을 떠난 후 정체성이 잠시 흔들릴 뻔 했지만, 방송인 김신영이 후임으로 정해지면서 오히려 시청률이 더 오르기도 했다. 유튜브에 올라온 김신영의 <전국노래자랑> MC 데뷔 무대 직캠 영상은 조회수 약 100만 회를 기록하며 뜨거운 반응을 얻었다.

브랜드 정체성 (brand identity)	브랜드 이미지 (brand image)
우리 브랜드는 고객에게 어떻게 인식되어야 하는가?	현재 고객은 우리 브랜드를 어떻게 인식하고 있을까?

브랜드를 알아 가는 과정에서 반드시 이해해야 할 것이 있다. 바로 브랜드 정체성과 브랜드 이미지, 두 개념의 차이다. 언뜻 비슷해 보이지만 엄연히 다른 뜻을 가진다.

어렵게 개발한 나의 브랜드가 세상에서 빛을 보려면 고객에게 제안한 약속을 반드시 지켜 고객이 내 브랜드를 신뢰하게 해야 한다. 내가 제안한 브랜드 정체성을 고객이 인식하고 이미지로 기억해야지만 강력한 브랜드가 되는 기반을 마련할 수 있다.

중간고사가 끝나고 스트레스를 풀기 위해 불닭볶음면을 사 먹었는데 달콤한 토마토 파스타 맛이 난다면? 한여름 땡볕 아래 운동장에서 친구들과 축구 경기를 하고 게토레이를 마셨는데 갈증이 전혀 해결되지 않는다면? 동네 공원에서 포켓몬을 잡기 위해 포켓몬고를 실행했는데 포켓몬이 하나도 보이지 않는다면? 우리는 실망할 것이다. 세 브랜드 모두 약속을 제대로 지키지 않았기 때문이다.

브랜드를 어렵게 개발한 후 그 브랜드가 빛을 보기 위해서는 브랜드 정체성과 브랜드 이미지를 일치시킬 수 있는 방법을 찾아야 한다.

어떤 정체성을 강조하느냐에 따라 약속을 실행하는 방법도 달라진다. 세상에 처음 소개된 나의 브랜드가 빛을 보려면 어떻게 해야 할까?

진로찾기 **브랜드 네이미스트**

브랜드의 첫인상을 결정하는 건 뭘까? 많은 고민 끝에 브랜드 정체성을 정했다고 할지라도 이것을 제대로 표현하는 이름이 없다면 헛수고일 뿐이다. 브랜드 이름은 브랜드의 정체성을 드러내기에 가장 적합한 표현 요소다. 그리고 이러한 브랜드 이름을 짓는 직업이 바로 브랜드 네이미스트다. 네이미스트는 전문적으로 기업명이나 상표·도메인명을 짓는 사람이다.

브랜드를 개발하는 브랜딩 회사는 크게 세 부서로 나뉜다. ① 전략적 브랜드 관리를 위해 마케팅 전략을 짜는 브랜드 전략 부서 ② 브랜드 정체성을 언어로 표현하는 네이밍 부서 ③ 브랜드 정체성을 시각적으로 표현하는 디자인 부서로 구성된다. 브랜드 네이미스트는 이 중에서 네이밍 부서에 소속된다.

불과 20여 년 전만 해도 국내 브랜드 네이미스트의 입지는 그다지 크지 않았다. 하지만 브랜드 관리의 중요성이 높아지면서 브랜드 네이밍에 대한 관심도 함께 높아졌고, 브랜드 네이미스트에 대한 수요 역시 높아지기 시작했다. 고용 노동부는 향후 10년간 브랜드 네이미스트 고용이 꾸준히 늘어날 것으로 전망했다.

브랜드 네이미스트가 되려면 언어에 대한 감각이 있어야 하므로 국어 국문학이나 문예 창작을 공부하면 도움이 된다. 최근에는 외국어로 브랜드 이름을 많이 지으므로 외국어에 대한 이해도가 높으면 좋다. 브랜드 네이밍은 창의적인 아이디어에 기반해서 이루어지기 때문에 유연하면서도 논리적인 사고력도 요구된다. 본인이 직접 개발한 브랜드 이름으로 제품이 나오면 보람을 느낄 수 있지만 계속 새로운 이름을 개발해야 하므로 창작의 고통이 따른다. 각각의 단어가 가진 뜻의 미세한 차이를 잘 알아야 하므로 평소 다양한 분야의 책을 꾸준히 읽어 어휘력을 높이면 좋다.

진로 찾기 **리서치 연구원**

소비자 만족을 넘어 감동을 전달할 수 있는 브랜드를 만들기 위한 첫걸음은 고객과의 약속이라 할 수 있는 브랜드 정체성을 만드는 것이다. 그렇다면 브랜드 정체성은 어떻게 기획할까? 마케터의 감? 창의적인 아이디어? 둘 다 아니다. 철저한 시장 분석과 고객 이해가 우선시되어야 한다.

마케팅 리서치Marketing Research는 말 그대로 시장을 조사하는 일인데, 시장을 철저하게 조사하고 분석해서 미래 트렌드를 예측하는 직업이 바로 '리서치 연구원'이다. 상당수의 리서치 연구원은 마케팅 리서치 전문 업체에서 근무한다. 마케팅 리서치 산업은 브랜드 분야에서 핵심 역할을 담당한다. 국제 조사 전문가 협회ESOMAR에서는 전 세계 마케팅 리서치 산업의 수익을 430억 달러 이상으로 추정하고 있으며, 관련 종사자 수 역시 계속 증가할 것으로 예상한다.

리서치 연구원이 되려면 대학교에서 어떤 전공을 선택해야 할까? 사실 정해진 길은 없다. 경영학, 통계학, 컴퓨터 공학, 심리학, 사회학 등 다양한 전공을 공부한 사람들이 리서치 연구원으로 일하고 있다. 그러나 좀 더 전문적으로 배우고 싶다면 마케팅 리서치를 위한 전문 석사 학위 과정이 있으니 준비해 볼 수 있다.

리서치 연구원이 시장을 분석하고 고객을 이해하는 방식은 마치 범죄 사건이 일어났을 때 범인을 추적하는 탐정과 비슷하다. 다만 대상이 다를 뿐이다. 탐정은 범인을 찾기 위해 범죄 현장의 사진, 목격자의 증언, CCTV 영상 등 다양한 방법으로 증거를 수집하고 분석한다. 리서치 연구원도 마찬가지다. 시장에서 고객을 끊임없이 분석해서 고객이 무엇을 원하는지 혹은 아직 충족되지 않은 욕구는 무엇인지 파악해야 한다. 왜 이 제품을 선택했는지, 또는 왜 이 제품은 절대 사지 않는지 이유를 찾는다. 조사를 위해서라면 아이돌 팬미팅에 참여해 팬들과 교감하기도 하고 스마트폰, 아이트래커^{사람의 시선이 어느 곳을 바라보는지 추적하는 장치}, fMRI^{혈류와 관련된 변화를 감지해 뇌 활동을 측정하는 기술}, VR 기기 같은 특수 장비를 사용하기도 한다. 다양한 데이터를 수집한 리서치 연구원은 고객이 앞으로 어떤 행동을 보여 줄지 최대한 정확히 예측해야 한다. 그 예측이 맞아야 브랜드가 시장에서 환영받을 수 있기 때문이다.

진로 찾기 **리서치 연구원**
문영준 인터뷰

안녕하세요. 저는 리서치 기업 '마크로밀엠브레인'에서 리서치 연구원으로 근무하는 문영준이라고 합니다. 어느덧 13년 차 연구원이 되었네요.

현재는 리서치 사업부의 연구팀 팀장을 맡고 있습니다. 금융, 자동차, 온라인 플랫폼 서비스, 식품, 컨설팅, 광고 대행사 등 다양한 산업 분야의 고객사와 협업하고 있습니다.

1. 리서치 연구원은 어떤 일을 하나요?

리서치는 복잡한 시장 상황에서 의사 결정을 하기 위한 가장 기본적인 단계입니다. 기업에서 신제품을 개발하려면 최초 콘셉트 단계에서 시장 테스트까지 여러 단계를 거쳐야 하는데요, 모든 단계가 의사 결정의 연속입니다. 리서치 결과를 통해 소비자의 생각을 올바르게 읽고 해석해서 기업의 의사 결정에 도움을 주는 일이 바로 제 역할입니다.

기업과 협업하기 위해서는 우선 제안서를 작성해 프로젝트를 수주^{주문을 받는 일}해야 합니다. 제안서는 조사 설계 제안부터 자료 수집, 데이터 분석을 통한 결과의 활용 방안을 포함합니다.

이런 과정을 통해 프로젝트를 따 오면 드디어 본격적인 연구원의 업무가 시작됩니다. 자료 수집을 위한 설문지 설계, 타깃 고객층을 대상으로 한 자료 수집, 수집된 자료의 통계 처리 및 분석, 이후 도출된 결과를 이해하기 쉽게 정리하고 방향성을 제안하는 보고서 작성이 기본적인 업무의 흐름입니다.

2. 대략적인 하루 업무는 어떻게 되나요?

출퇴근은 비교적 자유로운 편입니다. 오전 7시부터 10시 30분 사이에 본인의 업무 상황에 따라 자유롭게 출근하면 됩니다. 아침에 출근하면 고객사 메일을 먼저 확인하고요, 고객사 문의 및 요청 사항에 대한 답변을 정리합니다. 이후 진행되는 프로젝트 상황을 점검하고 프로젝트별 리뷰, 감수가 필요한 설문지나 보고서 등을 확인합니다. 오후에는 팀원들이 작성한 설문지나 보고서에 대한 감수를 주로 합니다.

제안서를 작성하고 프로젝트 문의에 답변하는 일도 저의 업무 중

하나입니다. 고객사를 응대하는 과정에서 자연스레 미팅 일정이 잡히고요. 미팅 후에 제안서를 작성하거나, 제안 프레젠테이션을 통해 프로젝트를 수주하기도 합니다.

3. 대학교 때 전기 전자 공학을 전공한 것으로 알고 있습니다. 그런데 리서치 연구원은 어떻게 시작하게 되었나요?

정말 우연이었죠. 전기 전자 공학과 졸업 후 전공과 관련 있는 회사에서 일하다가 우연히 마케팅 분야에 관심을 갖게 되었습니다. 사실 기존 업무가 저랑 잘 맞지 않았어요. 그래서 다른 분야를 탐색하던 중 마케팅이 눈에 들어왔습니다.

처음에는 단순히 호기심에 시작했지만, 공부할수록 흥미가 생겼습니다. 그러다가 미래를 대비하고 학문적으로 좀 더 진지하게 접근하고자 대학원 진학까지 결심하게 되었습니다.

4. 마케팅 리서치 업무를 하면서 언제 가장 보람을 느끼나요?

다른 분야는 대부분 사원, 대리, 과장, 차장 등 직급에 따른 역할과 업무가 명확히 구분됩니다. 프로젝트 매니저PM가 되기 위해서는 일정 이상의 직급과 연차에 도달해야 하죠.

하지만 리서치 분야는 다릅니다. 선배들의 최소한의 가이드는 필요하겠지만, 대부분 실무는 담당 연구원의 주도로 진행됩니다. 리서치 연구원이 되면 고객사와의 소통부터 보고서 작성까지, 직급에

상관없이 자기 주도적인 업무가 가능합니다. 더불어 업무를 통해 다양한 산업을 경험할 수 있다는 점 또한 리서치 연구원 업무의 장점이라고 생각합니다.

프로젝트가 성공적으로 마무리되면 기업에서는 리서치 결과를 바탕으로 의사 결정을 합니다. 마케팅 리서치를 통해 도출한 제안 내용이 기업의 의사 결정에 쓰이고, 이를 반영한 신제품이 출시되었을 때의 기분은 이루 말할 수 없이 기쁩니다.

5. 리서치 연구원이 되고 싶어 하는 독자에게 알려주고 싶은 비결이 있나요?

전공의 경우 경영학과 통계학 전공자가 상대적으로 많기는 합니다. 그러나 그 외에도 인류학, 사회 복지학, 전기 전자 공학, 아동 복지학, 무역학, 식품 공학 등 매우 다양한 전공을 공부한 사람들이 이 업계에서 일하고 있습니다.

전공과는 별개로, 리서치 연구원으로서의 기본 소양을 미리 갖추는 데 도움이 되는 두 가지 방법이 있습니다. 먼저 리서치 연구원으로서 일을 하는 데 필요한 기본적인 지식인 기초 통계학을 공부하면 좋습니다. 두 번째로 평소 데이터에 숨어 있는 의미를 통찰하는 능력을 기르면 좋습니다. 우리는 하루에도 다양한 매체를 통해 수많은 데이터를 접하는데 그것을 그냥 넘기지 말고 나름대로 의미있는 결과를 끌어내는 습관을 만든다면 더할 나위 없습니다. 이렇게

만 준비해도 리서치 연구원이 되기 위한 80퍼센트 이상의 준비를
마친 셈입니다.

2장

살아 움직이는
브랜드

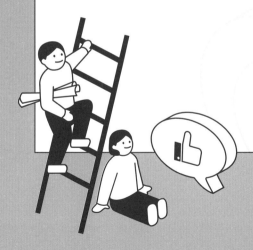

오래 살아남는 가치 있는 브랜드를 만드는 것이
바로 브랜딩의 목적이다.

브랜드도 수명이 있다

사람의 수명 주기를 크게 유아기 → 청소년기 → 성년기로 구분할 수 있듯이 브랜드 수명 주기 역시 크게 도입기 → 정교화기 → 강화기로 구분할 수 있다. 아이를 키우는 것과 마찬가지로, 브랜드를 성장시키는 방법도 단계마다 달라야 한다. 이처럼 브랜드 수명 주기에 맞춰 브랜드에 대한 계획이나 통제를 다르게 하는 방법을 브랜드 콘셉트 관리라고 한다.

인지도를 높여라

그렇다면 이제 막 세상에 소개된 도입기유아기의 브랜드가 가장 먼저 해결해야 할 과제는 무엇일까? 바로 브랜드 인지도를 높이는 것이다. 사람들에게 우리 브랜드를 알려 기억하게 하는 것이 우선 해야 할 일이다.

우리를 둘러싼 세상에는 셀 수 없이 많은 브랜드가 존재한다. 아래 브랜드 중 여러분이 아는 브랜드에 표시해 보자.

아이리버, 아이폰, 동방신기, 무직타이거, 수학의 정석, 메가스터디, 헬스보이짐, 쌍방울, 브릿츠, 애니콜, 블랙베리, 랑방, 아이오페, 이삭토스트, 동대문엽기떡볶이, 락희옥, 노브랜드, 케이뱅크, 캐딜락, 너프, 마리모, 힐리스

아마 모든 브랜드를 다 아는 독자는 없을 것이다. 어떤 브랜드는 지금도 많은 사람에게 사랑받고 있고, 어떤 브랜드는 전성기를 누리다 그 생명을 다하기도 했다. 또 어떤 브랜드는 여러분이 아예 접할 기회가 없는 브랜드도 있으며, 나만 개인적으로 아는 브랜드도 있다.

브랜드 정체성에 따라 목표는 조금씩 다르지만, 세상에 처음 브랜드를 소개하는 시기에는 목표 고객층에게 브랜드 인지도를 높이는 게 가장 중요하다. 브랜드 인지도는 크게 브랜드 재인과 브랜드 회상으로 구분된다. 브랜드 재인은 특정 브랜드를 알아보거나 구분할 수 있는 능력을 말한다. 브랜드 회상은 특정 제품군에서 특정 브랜드를 떠올릴 수 있는 능력이다. 이 개념이 헷갈린다면 다음 사례를 통해 이해해 보자. 제시된 두 그림을 보고 어

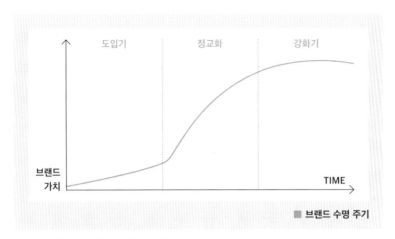

오래 살아남은 브랜드일수록 가치는 높아진다.

떤 브랜드인지 알아챌 수 있는가?

　　왼쪽에 빨간 리본이 보이는 이미지는 감자칩으로 유명한 프링글스고, 오른쪽은 카카오톡이다. 여러분은 브랜드의 일부 단서만 보고 프링글스와 카카오톡임을 알아챘다. 내가 잘 아는 사람이거나 관심 있는 사람이라면 멀리 떨어져 있어도 쉽게 알아볼 수 있는 것처럼, 내가 잘 알거나 좋아하는 브랜드는 작은 단서만 보고도 쉽게 알아챌 수 있다. 이렇게 특정 브랜드를 한 번에 알아볼 수 있는 능력이 바로 브랜드 재인이다. 그렇다면 브랜드 회상은 무엇일까? 다음 질문에 답해 보자.

　　"탄산음료 하면 어떤 브랜드가 떠오르나요?"

아마 대부분 코카콜라, 펩시, 칠성사이다, 스프라이트, 환타 등을 떠올릴 것이다. 노브랜드 콜라를 떠올리는 사람도 간혹 있긴 하겠지만 아주 소수일 것이다. 이처럼 특정 제품군에서 특정 브랜드를 스스로 떠올릴 수 있는 능력이 바로 브랜드 회상이다.

공무원 시험 합격은?

그렇다면 브랜드 재인과 브랜드 회상을 어떻게 높일 수 있을까? 바로 '노출'이다. 시각과 청각을 자극해 브랜드를 기억할 수 있도록 지속해서 노출하는 것이 중요하다. 다만 브랜드 재인과 브랜드 회상은 각각 노출 전략이 다르다는 것을 짚고 넘어가자. 먼저 브랜드 재인을 높이기 위해서는 고객의 눈에 자주 노출되어야 한다. 여러분은 전철을 탈 때 내부 벽면에 잔뜩 도배된 브랜드 광고를 본 적 있을 것이다. 이를 편성 광고라고 하는데, 이에 불쾌감을 나타내는 승객들도 있다. 그러나 신규 브랜드 입장에서는 사람들에게 반복적으로 노출되어야 브랜드 재인율을 높일 수 있다. 재인이 안 되면 그 브랜드는 빛을 보기도 전에 시장에서 퇴출당하고 말 것이다.

반면에 브랜드 회상은 재인과 다른 방식으로 높일 수 있는데, 바로 고객의 청각을 자극하는 방법이다.

"공무원 시험 합격은 에듀윌, 공인 중개사 합격 에듀윌, 주택 관리사 합격 에듀윌"

"홈플러스 플러스 가격이 착해 홈플러스 플러스 행복이 더해"

"오른손으로 비비고 왼손으로 비비고 팔도비빔면"

아마 여러분은 익숙한 멜로디를 자동으로 흥얼거렸을 것이다. 위의 세 브랜드는 노래를 이용해 우리에게 브랜드를 각인시켰다는 공통점이 있다. 브랜드를 구성하는 단어에 리듬을 입혀 브랜드 이름에 대한 소비자의 회상을 높인 '기억 증대 기법'을 활용한 것이다. 이렇게 다양한 방법을 통해 여러분이 만든 브랜드가 어느 정도 인지도를 쌓았다면 이제 정교화기청소년기를 준비해야 한다.

브랜드에 생명 불어넣기

사춘기의 사전적 정의는 신체 성장에 따라 이차 성징이 나타나며 생식 기능이 완성되는 시기다. 하지만 우리는 알고 있다. 사춘기는 단순히 신체적 변화만 나타나는 시기가 아니라는 걸. '난 누구지? 앞으로 어떻게 살아야 하지?'와 같은 철학적이고 심도 있는 질문을 스스로 던지는 때이기도 하다.

도입기에 세상에 처음 소개된 브랜드도 마찬가지다. 야심 차게 브랜드를 만들어서 이름도 짓고 옷로고, 포장 용기, 슬로건, 서체 등도 입힌 뒤 그 이름을 세상에 널리 알렸다. 하지만 그 브랜드가 스스로 생각할 수 있다면 아마 이렇게 생각할 것이다. '난 도대체 어떤 브랜드지? 이 험난한 시장에서 살아남으려면 어떻게 해야 하지?'

이제 우리는 브랜드 정체성에 따라 가치 제안이 달라지고 그 가치에 따라 브랜드 콘셉트가 결정되는 것을 볼 것이다. 앞서 잠시 설명했던 가치 제안은 기능적 가치, 상징적 가치, 경험적 가치로 구분된다. 그리고 이 가치들은 최종적으로 브랜드 콘셉트로 정해져 기능적 브랜드 콘셉트, 상징적 브랜드 콘셉트, 경험적 브랜드 콘셉트가 된다.

바세린, 어디까지 써봤니?

먼저 기능적 브랜드 콘셉트는 고객이 마주한 문제를 해결할 수 있음을 강조한다. 편의점에서 삼다수 샘물을 구매한 소비자 대부분은 '갈증을 해결하기 위해서'이지 '제주도의 화산 암반수를 경험하기 위해서' 삼다수를 선택한 건 아닐 것이다. 안전하기로 유명한 볼보 자동차를 구매한 사람은 '안전한 자동차가 필요해서'이지 '스웨덴의 감성적인 드라이브를 경험하기 위해서' 구매를 결정한 것은 아닐 것이다. 모나미 펜을 사용하는 학생들은 단순히 '필기하기 위해서'이지 '품격있는 흔적을 남기기 위해서' 구매하지 않았을 것이다.

삼다수, 볼보 그리고 모나미 펜의 공통점은 무엇일까? 바로 소비자가 일상생활에서 부딪히는 문제를 해결할 수 있음을 강조한다는 것이다. 먹는 샘물은 갈증을 해결할 수 있으면 되고 자동차는 무엇보다 안전해야 하며 볼펜은 노트에 쓰이면 되는 것이다. 기능적 브랜드 콘셉트는 정교화기 때 뛰어난 기능을 본격적으로

어떤 가치를 지니느냐에 따라 콘셉트의 방향이 달라진다.

강조해야 제대로 성장하게 된다. 그래서 기능적 브랜드 콘셉트가 정교화기 때 선택할 수 있는 전략 중 하나로 '문제 해결 일반화 전략'이 있다.

문제 해결 일반화 전략이란, 한 가지 제품이 다양한 용도로 활용될 수 있음을 강조하는 전략이다. 바세린은 원래 화상 치료제로 개발되었다. 하지만 지금은 피부가 트는 것을 방지하기 위한 용도뿐만 아니라 화장을 지울 때나 머리카락이 푸석할 때 쓰기도 한다. 나는 유도를 배울 때 도복에 피부가 쓸리는 것을 방지하기 위해 바세린을 바르기도 했다. 암앤해머^{Arm&Hammer} 사의 베이킹 소다 역시 문제 해결 일반화 전략을 통해 기능적 콘셉트를 제대로 활용했다. 원래 제빵용으로 개발된 베이킹 소다지만, 암앤해머는 탈취, 습기 제거, 치약, 땀 냄새 제거, 표백 등 다양한 용도로 활용될 수 있음을 강조했다.

비쌀수록 좋다

루이비통, 구찌, 에르메스, 발렌시아가, 샤넬의 공통점은 뭘까? 바로 명품 브랜드라는 점이다. 명품 브랜드 제품은 최고의 품질을 자랑하는 만큼 가격이 매우 비싸 아무나 구매할 수 없다. 그래서 명품 브랜드 제품을 구매하는 사람은 자부심을 느끼며 남들로부터 이를 인정받기 원한다. 이러한 브랜드를 상징적 브랜드라고 정의한다.

지하철을 타면 대학교 이름과 전공이 새겨진 '과잠학과 점퍼'을 입고 다니는 대학생들을 흔하게 볼 수 있다. 품질이 그렇게 좋은 것도 아니고 디자인이 특별한 것도 아닌데 많은 사람이 과잠을 입고 다니는 이유는 뭘까? 바로 내가 다니는 대학교에 대한 자부심과 소속감을 드러내기 위해서다. 수백에서 수천만 원에 이르는 샤넬 가방을 들고 다니는 사람은 다른 사람으로부터 부러움과 인정을 받고 싶을 것이다. 이러한 상징적 브랜드가 정교화기에 선택할 수 있는 전략은 단순하다. 누구나 쉽게 구매할 수 없도록 가격을 지속적으로 높이고 희소성을 강조해야 한다. 물론 그에 맞는 품질은 기본이다. 따라서 여러분의 브랜드가 상징적 브랜드 콘셉트로 성장하기 원한다면 판매량은 어느 정도 포기할 수 있어야 한다. 왜? 모든 사람이 샤넬 가방을 갖게 된다면 더 이상 샤넬이 아니기 때문이다.

싫증을 느끼면 브랜드의 목숨은 끝

마블 스튜디오의 영화 <어벤져스>의 히어로 중 여러분은 누구를 가장 좋아하는가? 캡틴 아메리카? 아이언맨? 헐크? 아니면 닥터 스트레인지? 나는 블랙 위도를 가장 좋아한다. 유일하게 초능력을 쓰지 않는 캐릭터이기 때문이다. 경험적 브랜드 콘셉트는 제품을 사용할 때 감각적인 즐거움을 체험할 수 있다는 점을 강조한다. 마블 유니버스, 에버랜드, 애플, 크록스 등은 모두 사용자에게 감각적 즐거움을 제공한다. 멋지고 세련된 스타일이나 재미를 제공하는 것이다. 하지만 이러한 경험적 브랜드 콘셉트는 치명적인 한계점이 있다. 반복적으로 노출되면 쉽게 질려 싫증을 느끼게 된다는 것이다. 그래서 경험적 브랜드 콘셉트가 선택할 수 있는 전략으로 '종속 제품 전략'이 있다. 이 전략은 주 제품에 액세서리와 같은 종속 제품을 부착해 소비자의 싫증을 어느 정도 줄여주는 것이 목적이다.

크록스는 신발 자체만으로는 투박하지만 나름의 개성이 있다. 하지만 쉽게 질릴 수 있는 디자인이기도 하다. 그래서 신발[주 제품]에 부착하는 다양한 지비츠[종속 제품]를 선보임으로써 소비자가 크록스에 질리지 않도록 노력하고 있다. 아이폰이나 아이패드를 구매한 소비자들은 애플의 멋진 디자인과 스타일에 대한 선호가 있다. 하지만 이렇게 멋진 디자인도 언젠가는 질릴 수 있으므로 애플은 다양한 종속 제품을 내놓고 있다. 아이폰[주 제품] 사용자는 다양한 컬러의 아이폰 케이스[종속 제품]를 본 적 있을 것이다.

다양한 제품으로 브랜드를 확장하다

청소년기를 잘 보낸 여러분의 브랜드가 드디어 성인이 되었다. 이제 부모님 품을 떠나 독립할 수 있도록 도와야 한다. 자기 정체성을 유지하되 가정을 꾸려 자녀를 낳을 수 있도록 해야 하는 것이다. 강화기에 세 가지 브랜드 콘셉트가 모두 채택할 수 있는 전

크록스는 다양한 지비츠를 선보임으로써 고객의 꾸준한 구매를 유도한다.

략에는 '브랜드 확장'이 있다. 브랜드 확장은 신제품에 기존 브랜드를 연결시켜 소비자가 쉽게 접근할 수 있게 하는 전략이다. 예를 들어 애경산업의 '2080'은 본래 치약에서 시작되었으나 현재는 칫솔, 치실 그리고 구강 청결제에 이르기까지 이름이 확장 적용되고 있다.

브랜드 확장은 시장에서 브랜드가 식상해지는 현상을 막고, 신제품을 출시하는 데 따르는 초기 비용을 낮추는 효과가 있다. 그뿐만 아니라 확장된 제품이 소비자로부터 좋은 평가를 받게 되면 기존 브랜드의 이미지가 더욱 좋아진다는 점에서 많은 기업에서 활용하고 있다.

여기서 기존 브랜드는 모브랜드parent brand라고 하며, 모브랜드 이름을 일부 사용한 브랜드를 확장 브랜드extended brand라고 한다. 그리고 모브랜드가 다양한 제품군에 동일하게 확장되어 적용되면 해당 모브랜드는 공동 브랜드family brand가 된다.

앞서 기능적 브랜드 콘셉트 사례로 다루었던 바세린은 원래 젤리 형태의 연고였지만 현재는 보디로션, 핸드크림, 립밤과 같은 피부 관리 제품에도 바세린이라는 이름을 그대로 사용한다. 제품군은 다르지만 바세린이라는 이름을 함께 사용하기 때문에, 바세린확장 브랜드은 유니레버모브랜드의 바디케어 공동 브랜드라 할 수 있다.

상징적 브랜드 콘셉트 사례로 다루었던 샤넬도 마찬가지다. 샤넬은 원래 여성용 모자 브랜드로 시작했다. 그러나 지금은 모자뿐만 아니라 옷, 화장품, 액세서리, 신발, 가방에 이르는 다양한 제품군에 샤넬 이름을 사용한다. 샤넬 역시 브랜드 확장 전략을 통해 공동 브랜드로 성장한 것이다.

경험적 브랜드 콘셉트로 다루었던 마블 유니버스도 살펴보자. 마블 유니버스는 원래 만화로 출발했지만 지금은 영화, 드라마, 캐릭터 상품, 패션 등 다양한 제품군에서 어벤져스 캐릭터가 사용되고 있다. 확장 브랜드인 <어벤져스> 역시 모브랜드인 마블 스튜디오의 공동 브랜드로 성장한 것이다.

지금까지 여러분은 브랜드 수명 주기에 따른 세 가지 브랜드 콘셉트 관리에 대해 알아보았다. 물론 여러 가지 환경에 따라 브랜드 콘셉트 관리는 유연하게 운영할 수 있어야 한다. 하지만 일관된 브랜드 정체성을 유지해야 고객이 브랜드를 잘 기억할 수 있다는 것만은 분명히 기억하자.

브랜드도 친구가 필요해

"블랙핑크 제니가 이제는 선글라스와 안경도 디자인한다고?"

2022년 초, 서울 강남구 신사동에 있는 젠틀몬스터 플래그십 스토어에서 젠틀가든^{Jentle Garden} 전시가 열렸다. 이 전시는 선글라스 브랜드인 젠틀몬스터가 블랙핑크 제니와 협업해서 꾸민 공간이다. 제니의 상상력에서 탄생한 아름다운 미니어처 정원이 이곳에 전시되었는데, 곳곳에 설치된 망원경으로 정원에 숨어 있는 미

> **플래그십 스토어**
>
> 성공한 특정 상품을 앞세워 전체 브랜드의 성격과 이미지를 극대화하는 매장을 일컫는다. 플래그십 스토어는 일반 매장과 달리 다양한 체험이 가능한 넓은 공간을 확보하고 브랜드 이미지에 부합하는 인테리어 등으로 꾸며진다.

니어처들을 하나하나 찾아보는 재미가 있었다.

브랜드와 브랜드의 만남

주변을 둘러보면 서로 다른 브랜드가 만나 친구가 되는 모습을 심심치 않게 볼 수 있다. 토스트 전문점인 이삭토스트는 넥슨의 크레이지 아케이드와 함께 '미트팡 토스트'를 선보였으며, 스니커즈 브랜드 반스는 문구 브랜드 모나미와 함께 '모나미153 볼펜 풋웨어 컬렉션'을 소개하기도 했다. 컴퓨터 주변기기 제조 브랜드 로지텍은 스니커즈 브랜드 케즈와 함께 케즈의 디자인이 반영된 블루투스 키보드 'K380'과 마우스 '페블 M350'을 선보였다.

이뿐만이 아니다. 타이어 만드는 회사가 패션 브랜드와 손잡기도 했다. 한국타이어는 의류 브랜드인 시스템System과 함께 '뉴 무브먼트 컬렉션'을 선보였다. 한국타이어의 하이테크 이미지와 시스템의 프리미엄 이미지를 결합해 미래지향적인 이미지를 만들었다는 것이 한국타이어 측의 설명이다.

여러분의 애정 어린 관심 덕분에 여러분의 브랜드는 잘 성장했다. 이제부터는 부모로서 여러분의 브랜드가 친구를 잘 사귈 수 있도록 지도해야 한다. 여러분의 브랜드가 다른 친구 브랜드와 협업을 잘하면 시장에서 '인싸'가 될 수 있을 뿐 아니라, 많은 고객을 끌어들이는 데에도 도움이 될 것이다. 여러분의 브랜드가 다른 브랜드와 함께 추억을 만드는 것을 '브랜드 협업brand collaboration'이라고 한다.

제니와 젠틀몬스터의 공통점

브랜드 협업이란, 두 브랜드가 시너지 효과를 내기 위해 이루어지는 전략적 파트너 관계다. 성공적인 브랜드 협업을 위해서는 두 브랜드가 여러모로 잘 어울려야 한다. 그렇다면 잘 어울리기 위한 조건은 무엇일까? 그 조건을 알기 위해서는 협업하는 두 브랜드의 역할을 먼저 이해해야 한다.

> **시너지 효과**
>
> 1+1=3 같은 느낌으로, 여럿이 뭉쳐 더 큰 힘을 낸다는 뜻이다. 제품이 그 자체로 이익을 줄 뿐 아니라 다른 분야나 제품과 상승 작용을 일으켜 더 큰 이익을 발생시키는 것을 말한다.

두 브랜드가 협업할 경우 각 브랜드에 주어지는 역할은 약간 다르다. 최종 완성품을 만드는 주도 브랜드와 구성품 역할을 하는 성분형 브랜드로 나뉜다. 위에서 말한 사례들에 적용하자면 젠틀몬스터, 이삭토스트, 반스, 로지텍은 주도 브랜드 역할을 하고 제니, 크레이지 아케이드, 모나미, 케즈는 성분형 브랜드 역할을 담당한다. 주도 브랜드와 성분형 브랜드의 콘셉트가 일관성을 가질 때, 성공적인 브랜드 협업을 기대할 수 있다.

2장에서 보았듯이 브랜드 콘셉트는 크게 기능적 브랜드, 상징적 브랜드 그리고 경험적 브랜드로 구분된다. 기능적 브랜드는

한국타이어와 시스템이 협업해 미래 지향적 스타일의 의류 컬렉션을 선보였다.

볼보, 마이크로소프트, 삼성전자와 같이 기능적으로 우수한 브랜드를 말하며 상징적 브랜드는 구찌, 루이비통, 롤스로이스 등 자아 표현이 강조된 브랜드다. 그리고 경험적 브랜드는 에버랜드, 디즈니, 젠틀몬스터 등 감각적 즐거움을 경험할 수 있는 브랜드를 말한다.

선글라스 브랜드인 젠틀몬스터는 착용감보다는 세련되고 멋진 디자인을 강조한다. 블랙핑크의 제니는 멋진 공연으로 관중을 황홀하게 만든다. 눈치가 빠른 여러분은 이미 파악했을 것이다. 젠틀몬스터와 제니 모두 경험적 브랜드 콘셉트를 지향하기 때문에 성공적으로 협업할 수 있었다.

재미와 즐거움, 성공의 열쇠

여러분의 친구들을 떠올려 보자. 아마 여러분은 같이 있으면 즐겁고 재밌는 친구를 더 자주 만나고 싶을 것이다. 브랜드 협업도 마찬가지다. 여러분이 잘 키운 브랜드에게 좋은 친구를 소개해 주기 위해서는 성격도 잘 맞아야 하지만 즐겁고 유쾌해야 한다는 것을 잊지 말자.

브랜드 협업과 관련된 연구들을 살펴보면, 브랜드가 협업할 때 성분형 브랜드는 우수한 성능과 기능을 강조하기보다는 즐거움, 기쁨, 재미와 같은 경험적 편익을 제공할 수 있어야 효과적이라고 한다. 브랜드 협업은 짧은 기간 동안 이루어지기 때문에 소비자의 관심을 끌기 위해서는 무엇보다 즐겁고 유쾌해야 한다. 제니의 무대를 보며 느꼈던 짜릿함, 크레이지 아케이드 게임을 하며 경험했던 스릴, 케즈 신발의 세련된 스타일을 주도 브랜드에 제공할 수 있었기 때문에 성공적인 협업이 가능했다. 애플, 미니 BMW의 소형 자동차, 스타벅스, 마블 유니버스, 스타워즈, 레고, BTS, 잔망 루피를 떠올려 보자. 각 브랜드는 어떤 형식으로 협업을 하든지 결국 즐겁고 재밌는 경험을 제공할 것이다.

지금까지 여러분의 브랜드에게 좋은 친구를 소개해 주는 여정까지 왔다. 그런데 과거와 다르게 우리를 둘러싼 기업 환경은 더욱 복잡해졌다. 이제는 가상 세계에서도 브랜드를 관리하는 시대에 접어들었기 때문이다. 현실과 가상 세계가 융합된 '메타버스'가 우리를 기다리고 있다.

브랜드 아이덴티티(BI) 디자이너

브랜드 분야에 근무하는 전문가들은 그리스의 철학자 아리스토텔레스가 강조했던 '모든 인식은 눈에서 시작된다'라는 말의 중요성을 잘 알고 있다. 많은 고민 끝에 브랜드 정체성에 걸맞은 브랜드 이름까지 만들었지만, 해당 브랜드를 시장에 소개하기에는 여전히 뭔가 부족하다. 고객이 브랜드를 눈으로 기억할 수 있는 로고가 없기 때문이다. 나이키 하면 머릿속에 스우시 로고가 자연스럽게 떠오르고, 구글 하면 'Google'이라는 영문 글자로 만들어진 알록달록한 로고를 떠올릴 수 있다. 브랜드 정체성을 표현하기 위해서는 브랜드 이름뿐만 아니라 브랜드를 시각화한 로고심벌도 필요하다. 브랜드 네이미스트가 브랜드를 언어적으로 표현한다면 브랜드 아이덴티티 디자이너이하 BI 디자이너는 브랜드를 시각적으로 표현하는 직업이다.

BI 디자이너는 로고만 디자인하는 것으로 생각할 수 있지만, 그보다 더 다양한 프로젝트를 담당한다. 로고, 브랜드 컬러, 폰트서체, 포장, 소책자, 웹사이트, 명함 그리고 매장까지 디자인한다. 고객이 브랜드를 접하는 모든 지점에서 시각적 요소를 통해 브랜드 정체성을 전달하는 것이 BI 디자이너의 역할이다. 브랜드 정체성의 시각화는 사람들이 브랜드를 더욱 잘 알아보게 하므로 중요성이 크다.

그렇다면 BI 디자이너가 되려면 무엇을 준비해야 할까? 아무래도 디자인 공부를 하면 좋다. 대학교에 가게 된다면 시각 디자인, 광고 디자인, 산업 디자인, 컴퓨터 디자인 등 디자인과 관련된 학과를 가는 것이 유리하다.

브랜드는 고객과의 약속이므로 BI 디자이너는 브랜드가 제시한 약속을 고객이 시각적으로 알아챌 수 있게 디자인해야 한다. 브랜드의 정체성을 한눈에 알아볼 수 있는 디자인을 위해서는 통찰력과 기획력을 기르는 것이 필요하다.

**진로 찾기 뉴로마케팅 박사 과정생
최한나 인터뷰**

안녕하세요. 저는 성균관 대학교 일반 대학원의 뉴로마케팅 박사 과정생 최한나입니다. 대학교에서 마케팅 전공 수업을 듣고 다양한 대외 활동을 하면서 마케팅에 관심을 갖게 되었고요, 마케팅을 학문적으로 더욱 깊이 있게 배우고 싶어서 대학원에 진학했습니다. 현재 연구하고 있는 분야는 '뉴로마케팅'입니다. 독자에겐 생소한 분야일 것 같습니다.

1. 뉴로마케팅에 대해 구체적으로 설명해 주세요.

'뉴로마케팅neuromarketing'은 뇌에서 정보를 전달하는 신경인 뉴런neuron 과 마케팅을 결합한 용어입니다. 마케팅과 뇌신경 및 인지 심리학이 융합된 개념이라 할 수 있죠. 뇌신경 과학, 뉴로이미징neuroimaging

기법을 통해 소비자의 무의식에서 나오는 제품에 대한 감정, 구매 행위를 분석해 기업의 마케팅 전략에 효과적으로 적용할 수 있습니다. 쉽게 말해 뇌파 측정과 시선 추적 등을 통해 소비자의 뇌를 분석해서 심리나 행동을 이해한 후 이를 마케팅에 활용하는 겁니다.

2. 대학교 때 경영학을 전공한 것으로 알고 있습니다. 다양한 학문 중에 경영학을 선택한 이유는 무엇인가요?

저는 경영학을 전공했고 마케팅 과목을 중심으로 수업을 들었습니다. 기업에서 채택하는 다양한 마케팅 활동 사례를 공부하는 데 흥미가 있었고, 공부하면 할수록 마케팅과 밀접한 소비자의 심리와 행동에 호기심이 생겼습니다.

3. 경영학 전공자로서 뉴로마케팅을 연구하기가 쉽지 않을 것 같습니다.

사실 정말 어렵습니다. 대학원생인 지금도 여전히 지식의 부족함을 매번 느끼고, 뜻대로 되지 않을 때는 많이 속상하기도 합니다. 기본적인 뇌 과학 지식이 부족해서, 선행 연구들을 참고하면서 연구 모형을 배우고 있습니다. 마케팅 학문과 뉴런 생체 반응을 이해하기 위한 뉴로사이언스 논문 공부, 수치 분석을 위한 다양한 프로그램 익히기 등 제가 앞으로 배우고 다뤄야 하는 학문이 많습니다. 저 역시 처음 배우기 때문에 많이 어렵고 힘들지만, 다양한 주제의 뇌 과학 논문을 읽을 때는 조금씩 재미를 느낍니다.

4. 앞으로의 계획은 무엇인가요?

다양한 뉴로마케팅 연구를 진행해 국내외 학회에 제 연구를 발표하고, 해외 학술지에 실릴 수 있도록 논문을 많이 쓰는 것이 저의 계획이자 목표입니다. 박사 과정을 마친 뒤에는 지속해서 뉴로마케팅을 연구하는 연구자가 되고 싶습니다.

5. 뉴로마케팅이나 뇌과학에 관심 있는 청소년이 무엇을 준비하면 좋을까요?

일단 관심이 많은 사람이라면 서점에 가서 뇌 과학이나 인지 심리학에 관련된 책을 사서 읽어보는 게 도움이 될 거예요. 요새는 기초부터 재밌게 설명하는 대중적인 과학책이 많더라고요. 저도 필요할 때 책을 사서 읽는 편인데, 연구에 도움이 많이 됩니다.

또한, 기계에 대한 두려움이 없으면 좋습니다. 뉴로마케팅 특성상 다양한 뇌 과학 기술을 이용해 실험을 하게 되는데요, 이 과정은 모두 컴퓨터로 진행됩니다. 그러므로 기기에 능숙하면 좋습니다. 특히 컴퓨터를 잘 다루는 사람이라면 matlab수치 계산 및 해석에 사용되는 공학용 소프트웨어과 같은 분석 프로그램을 훨씬 수월하게 배울 수 있습니다.

진로찾기 **홈쇼핑 PD**
이동현 인터뷰

안녕하세요. GS홈쇼핑에서 일하는 이동현 PD입니다. 작년까지는 생방송 제작 PD로서 렌탈, 보험, 여행 상품 판매 방송을 담당했고요, 현재는 라이브 커머스와 유튜브를 맡고 있습니다.

1. 홈쇼핑 PD는 구체적으로 어떤 일을 하나요?

홈쇼핑 PD는 방송에서 상품이 매력적으로 보이도록 연출하는 사람입니다. 상품은 저마다 다른 장점이 있는데요, 이를 USP상품 고유의 장점: unique selling point라고 합니다. 그런데 USP 자체로는 고객에게 아무런 의미가 없습니다. USP를 구매 이유, 즉 KBF핵심 구매 요인: Key Buying Factor로 바꾸어 설득할 수 있어야만 구매로 이어집니다. 올바른 USP를 선정하는 것, 그리고 선택한 USP를 KBF로 치환하는 역할이 바로 홈쇼핑 PD라고 할 수 있습니다.

예를 들어 A라는 겨울 코트 상품을 판매한다고 가정해 봅시다. A의 수많은 장점 중에 '캐시미어 소재가 많이 함유되었다'라는 것을 핵심 USP로 선정한 뒤 거기서 그치는 것이 아니라, '캐시미어가 많이 들어있어서 따뜻하고 고급스럽다'라는 식으로 USP를 KBF로 바꾸어 표현하는 것이죠.

2. 대학교 때 신문 방송학과를 전공한 것으로 알고 있습니다. 그럼 경영학과는 복수 전공으로 선택한 건가요?

어린 시절부터 예능 프로그램을 많이 좋아했습니다. 조금 과하게 좋아했던 것 같아요. 그때부터 방송과 관련된 일을 하고 싶다는 생각을 막연히 했습니다. 그래서 전공도 신문 방송학과를 선택했고요. 그런데 막상 입학하고 나니 이 길이 내 길이 아니라는 생각이 들었습니다. 영상 만드는 일에 재능이 있는 선후배가 많았고, 또 제가 이 일에 그다지 열정적이지 않다는 걸 깨달았어요. 신문 방송학과 전공생들이 많이 도전하는 언론 고시가 상당히 어렵다는 것도 알게 되었고요. 그래서 복수 전공을 해야겠다고 생각했습니다.

이렇게 아무것도 모르고 선택한 경영학이었지만, 다행히도 저랑 참 잘 맞았습니다. 인사, 재무, 경영 전략, 유통, 마케팅 등 세부 전공이 다양해서 원하는 과목을 선택해서 들을 수 있다는 점이 좋았어요. 수업 자체도 재밌었고요.

3. 홈쇼핑 PD가 어떻게 되었는지 구체적으로 설명해 주세요.

취업을 준비하는 4학년 2학기에 미디어와 경영, 이 두 전공을 모두 살릴 수 있는 일이 없을까 고민했습니다. 그러면서 본격적으로 홈쇼핑 업계에 관심을 갖게 되었죠. 홈쇼핑은 '방송으로 물건을 판매하는 회사'이기 때문에 미디어와 세일즈에 대한 이해가 모두 필요하거든요. 그렇게 해서 홈쇼핑 회사에 취업하게 되었습니다.

4. 경영학을 복수 전공한 것이 실무에 도움이 되었나요?

많은 도움이 되었습니다. 경영학과에는 다른 학생들과 함께 준비해야 하는 조별 과제가 많습니다. 팀원과 협력해서 청중을 설득할 수 있는 발표를 준비해야 하죠. 수없이 많은 팀플을 하던 당시에는 이게 과연 도움이 될지 의심했습니다. 그런데 신기하게도 입사했더니 홈쇼핑 PD가 하는 일이 이것과 크게 다르지 않았습니다.

팀플과 마찬가지로 방송 준비를 위해서는 수많은 사람과 함께 일해야 합니다. 상품과 연관된 협력사, MD^{상품 기획자}, 방송 인력은 물론이고 방송과 연관된 카메라·오디오·비디오·기술·조명 감독, 세트 디자이너, CG 담당자 등 많은 사람과 협업해야 하죠. 하나의 방송을 위해 소통해야 할 사람이 아주 많습니다. 그리고 한 시간이라는 방송 시간 내에 고객이 상품을 구매할 수 있도록 설득하는 다양한 자료도 준비해야 합니다. 대학교 팀플에서는 그 자료가 ppt^{파워포인트}지만 방송에서는 영상이라는 것만 다를 뿐 일련의 과정은 비슷합니다.

5. 일하면서 가장 보람을 느낄 때는 언제인가요?

상품을 성공적으로 처음 선보일 때 가장 큰 보람을 느낍니다. 처음인 만큼 많은 준비를 하게 되는데요, 그 과정에서 상품에 애정이 생깁니다. 직접 사용하면서 상품의 장단점을 직접 체험하다 보면 진짜 잘 팔고 싶다는 생각이 절로 듭니다.

처음 선보이는 신상품은 '상품의 어떤 점을 고객이 좋아할까? 그걸 시각적으로 어떻게 구현할까?'라는 고민을 하게 되는데요, 이러한 고민과 많은 준비를 바탕으로 방송 전략을 세웁니다. 그리고 그 전략이 맞아떨어지면 그렇게 뿌듯할 수가 없습니다. 생방송 중에 콜이 치솟는 경험은 홈쇼핑 PD가 누릴 수 있는 가장 행복한 순간이 아닐까 합니다.

6. 앞으로의 계획은 무엇인가요?

최근에 라이브 커머스live commerce를 담당하게 되었습니다. 라이브 커머스란 채팅으로 소비자와 소통하면서 상품을 소개하는 스트리밍 방송입니다. 간단히 모바일 홈쇼핑 정도로 생각하면 될 것 같습니다. '네이버 쇼핑 라이브'와 '카카오 쇼핑 라이브'가 대표적입니다. 최근 코로나 사태로 라이브 커머스 시장이 급속도로 성장하고 있거든요.

라이브 커머스 방송에서는 티브이 홈쇼핑에서 하지 못했던 다양한 시도를 할 수 있는데요, 저는 라이브 커머스를 통해 '고객 지향적'인 방송을 기획해 보고 싶습니다. 고객에게 좀 더 친근하게 다가갈 수 있는, 고객이 방송 자체를 즐길 수 있는 프로그램 포맷을 만드는 것이 가까운 미래의 목표입니다.

7. 홈쇼핑 업계에서 일하려면 어떤 경험이 있으면 좋을까요?

직접적으로는 물건을 팔아 본 경험이 있으면 좋겠죠. 상품의 장점을 찾아내 그 장점을 판매로 연결한 경험이 있다면 실무에 도움이 되리라 생각합니다. 또한, 상품의 장점을 영상으로 표현해야 하니까 영상에 대한 이해와 방송 관련 경험도 있으면 좋습니다.

좀 더 구체적으로 말씀드리자면 네이버 쇼핑 라이브, 그립^{라이브 쇼핑} 앱 등의 플랫폼으로 스스로 라이브 커머스를 진행해 보는 것이 좋은 경험이 될 것입니다. 유튜브나 인스타그램 등의 채널로도 상품 판매와 영상에 대한 경험을 쌓을 수 있고요.

3장

미래의 브랜드는
어떤 모양일까?

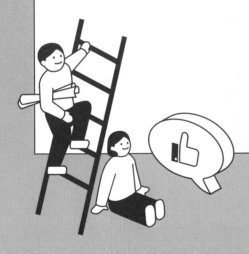

브랜드는 이윤을 추구하는 것 외에도
자선 사업, 환경 보호 등
다양한 사회적 가치를 실현한다.

메타버스 속 브랜드 체험

어느 날 식당에서 밥을 먹다가 우연히 티브이에서 아주 매력적인 연예인이 나오는 광고를 보게 되었다. 그 자리에서 스마트폰으로 검색해 보니, 그녀는 최초의 버추얼 인플루언서라 불리는 로지Rozy였다. 그리고 얼마 전 그녀는 카타르 월드컵 경기장에서 우루과이전을 관람하는 사진과 영상을 인스타그램 피드에 올렸다. 가상 인물 로지의 인스타그램 팔로워 수는 이제 15만 명에 육박한다.

현실과 가상이 뒤섞인 세계

여러분은 메타버스Metaverse라는 단어를 자주 접했을 것이다. 메타버스는 초월을 의미하는 메타meta와 현실 세계를 의미하는 유니버스^{universe}의 합성어다. 현실과 가상이 연결되어 초월적 경험을 할 수 있는 세계가 바로 메타버스다. 메타버스는 크게 두 개의 축으로 이루어진다. 하나는 증강에서 시뮬레이션에 이르는 기술 프로그램 축이고 또 하나는 정체성에 초점을 맞춘 내재성에서 외부 세계에 초점을 맞춘 외재성에 이르는 축이다. 두 개의 축을 중심으로 메타버스는 크게 가상 세계, 거울 세계, 증강 현실, 라이프로깅으로 구분된다.

구체적으로 살펴보자. 첫째, 가상 세계는 여러 사용자가 동시에 접속해 실시간 상호 작용할 수 있는 세계를 의미한다. 사용자가 아바타 또는 게임 캐릭터를 통해 다른 사용자와 체험을 공유하고 콘텐츠를 만들어서 유통할 수 있는 세계인 것이다. 네이버 Z가 운영하는 제페토에서 우리는 다양한 아바타 친구들과 함께 나이키 마라톤에 참여할 수 있고 CGV 영화관에서 영화를 볼 수 있으며 한강 CU 편의점에서 라면도 먹을 수 있다.

둘째, 거울 세계는 현실의 모습을 가상의 공간에서 재현해 사용자에게 다양한 정보를 제공하는 기술이다. 내비게이션 앱을 떠올리면 아마 쉽게 이해할 수 있을 것이다. 과거에는 속초 해수욕장에 가려면 지도를 펼치고 이정표를 확인해 가면서 운전하는 방법밖엔 없었다. 하지만 지금은 어떤가? 카카오맵, T맵을 비롯한 다양한 내비게이션 앱이 제공하는 정보 덕분에 우리는 편하게 어디든 갈 수 있다.

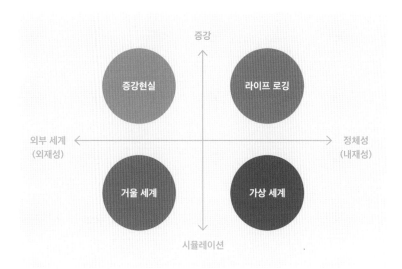

메타버스는 두 개의 축을 중심으로 총 네 가지 영역으로 구분된다.

셋째, 증강 현실은 물리적 세계에 3차원 가상 이미지를 결합하는 정보 기술이다. 사용자가 실시간 마주한 현실 세계에서 가상 이미지를 겹쳐 보이게 하는 기술이 증강 현실이다. 롯데월드에서 포켓몬고를 실행하면 스마트폰으로 포켓몬을 얼마든지 잡을 수 있다. 가상의 포켓몬들이 실제 내가 사는 세계, 내 주변에서 돌아다니는 것이다.

마지막으로 라이프 로깅은 증강 기술을 활용해 개인의 일상 경험과 정보를 저장하고 공유하는 기술이다. 내 일상을 여러 사람에게 제공할 뿐만 아니라 다른 사람과 그러한 기록을 공유할 수 있다. 라이프 로깅 속 인스타그램을 통해 로지가 카타르에 가서 축구 경기를 응원하는 모습을 볼 수 있으며, 유명 디저트 카페에서 먹은 케이크를 찍어 친구들에게 자랑할 수 있다.

메타버스 걸그룹, 에스파

이렇듯 현실과 가상이 혼합된 메타버스 세계는 생각보다 우리 가까이에 있다. 여기서 질문. 인기 아이돌 그룹 에스파aespa의 멤버는 총 몇 명인가? 4명? 땡! 4명이라고 답했다면 당신은 에스파의 찐팬이 아니다. 정답은 바로 8명이다. 그중 4명카리나, 윈터, 지젤, 닝닝은 실제 인물이고 나머지 4명아이-카리나, 아이-윈터, 아이-지젤, 아이-닝닝은 가상 세계SMCU: SM Culture Universe에서 활동하는 아바타다. 흥미롭게도 에스파를 기획한 SM엔터테인먼트는 멤버들을 구분하기 위해 아바타에게는 아이ᵃᵉ라는 접두사를 붙여 네이밍했다. 그들의 보도에 따르면 아이ᵃᵉ는 아바타avatar와 경험experience, 두 단어의 머리글자를 합친 것이며 에스파는 아이ᵃᵉ와 양면성을 뜻하는 영어 단어 'aspect'의 합성어다. SM엔터테인먼트가 기획하고 있는 메타버스 세계관을 엿볼 수 있는 중요한 사례다.

메타버스에서는 구찌 가방이 단돈 5천 원

메타버스 플랫폼 중 인지도가 가장 높은 플랫폼은 네이버Z의 제페토일 것이다. 전 세계 누적 가입자 3억 명 이상을 끌어모을 정도로 제페토의 인기는 하늘을 찌른다. 제페토에 방문하면 다양한 브랜드가 우리를 기다리고 있다. 나이키, CU, 롯데월드, 배스킨라빈스 31 등 현실 세계의 브랜드들이 제페토 월드에서 그대로 구현된다.

그런데 여기서 우리가 주목할 만한 흥미로운 브랜드가 하나 있다. 국내에서 인지도가 가장 높은 명품 브랜드 구찌다. 구찌가 제페토 월드에 입점한 것이다. 현실 세계 속 구찌 매장은 입장부터 우리를 주저하게 만든다. 눈부신 조명 아래 진열된 고가의 옷과 액세서리, 잘 갖춰 입은 직원들의 서비스는 심리적인 부담을 준다. 하지만 제페토의 구찌 매장은 어떨까? 현실과 다르게 방문이 전혀 어렵지 않다. 다양한 아이템을 얼마든지 착용해 볼 수 있고 마음에 드는 아이템을 현실보다 훨씬 저렴한 가격에 구매해 아바타를 꾸밀 수 있다. 현실에서는 수백만 원이 넘는 구찌 가방이 제페토에서는 단 몇천 원밖에 안 하기 때문이다.

2장에서 상징적 브랜드는 누구나 구매할 수 없도록 거래 장벽을 높이고 희소성을 강조해야 한다고 말했다. 그런데 가상 세계 속 구찌는 누구나 쉽게 구매할 수 있는 아이템으로 아바타들을 만나고 있다. 구찌는 왜 이러한 선택을 했을까? 여러 이유가 있겠지만 메타버스라는 가상 세계 속에서 10~20대 초반의 고객에게 브랜드 인지도를 높이려는 목적일 것이다.

현실 세계에서 구찌 제품을 구매하려면 마음을 크게 먹어야 한다. 비싸기 때문이다. 그렇다 보니 구찌를 구매하는 10~20대 초반 고객의 수는 매우 적다. 하지만 가상 세계에서 다양한 구찌 아이템을 구매한 경험이 있다면? 가상 세계에서 구찌를 쉽게 샀는데 현실에서는 그렇지 않다는 걸 깨닫는다면 그 사람은 애가 탈 것이다. 이러한 구찌의 '애태우기 전략'은 구찌라는 브랜드를 기억시키기에 효과적일 뿐만 아니라 경제적인 능력만 된다면 꼭 사고 말 거라는 열망도 자극할 수 있다. 어떻게 보면 참 얄미운 전략이다. 하지만 구찌는 기능적 브랜드 혹은 경험적 브랜드가 아니라 상징적 브랜드라는 것을 다시 한 번 기억하자.

> **애태우기 전략**
>
> 소비자가 특정 제품을 갖고 싶지만 구매하기 어려운 상황을 만들어 소유욕을 자극하는 전략이다.

우리는 가상 세계에서 실제 세계의 다양한 브랜드를 접할 수 있다. 그렇다면 메타버스 속에서 여러분은 어떤 브랜드 체험을 할 수 있을까? 영국 리즈 대학교의 브라쿠스 교수와 그의 동료 연구자들은 브랜드를 접한 소비자가 감각적 체험, 감성적 체험, 행동적 체험 그리고 지성적 체험을 할 수 있다고 제안했다. 메타버스에서도 마찬가지로 이 네 가지 브랜드 체험을 할 수 있다. 각 체험 유형에 대해 구체적으로 살펴보자.

첫째, 브랜드의 감각적 체험은 브랜드를 접하고 시각, 청각, 촉각과 같은 감각 기관의 반응을 경험하는 것을 뜻한다. 우리의 오감을 자극하는 즐겁고 환상적인 체험이다. 제페토의 롯데월드를 방문해 보자. 우리는 서울 송파구 잠실동에 있는 롯데월드와 마찬가지로 메타버스 속에서 자이로 드롭을 탈 수 있다. 원래 현실에서는 고소 공포증 때문에 꿈도 못 꿨는데, 메타버스 세계에서는 두 번이고 세 번이고 탈 수 있는 것이다.

둘째, 브랜드의 감성적 체험은 브랜드로부터 느끼게 되는 감정적 반응이다. 즉 소비자가 브랜드에 대해 특별하고 다양한 감정기쁨, 유쾌함, 재미, 질투 등을 느끼는 것이 감성적 체험이다. 제페토의 블핑 하우스에서 블랙핑크 멤버들과 함께 사진을 찍으며 즐거움을 느끼고, 현대 백화점 면세점에서 다양한 공항 패션을 코디하면서 재미를 느낄 수 있다.

셋째, 브랜드의 행동적 체험은 소비자가 브랜드를 통해 경험하게 되는 행동적·육체적 반응이다. 이는 다른 아바타와의 적극적인 상호 작용으로 이어지기도 한다. 제페토의 한강 공원에서 나이키 러닝 코스를 따라 다른 아바타와 함께 달리기를 즐길 수 있고, 예능 프로그램인 <런닝맨 월드>에서 여러 아바타와 런닝맨 게임을 할 수도 있다.

마지막으로 브랜드의 지성적 체험은 소비자가 브랜드를 통해 호기심을 느끼고 창조적인 사고를 하게 되는 경험을 뜻한다. 제페토의 현대 자동차 월드에서 아이오닉 전기 자동차를 직접 운전해 볼 수 있고, 도서관에 가서 원하는 책을 마음껏 빌려볼 수도 있다.

몰입형 기술VR·AR, 빅데이터, AI 산업이 발전하면서 메타버스 플랫폼은 앞으로 지속해서 성장할 것으로 예측된다. 하지만 여전히 많은 기성세대는 메타버스를 단순히 3D 게임 정도로만 인식하고 있는 것 같다. 아마 이 책을 읽는 독자 여러분이 더 잘 알 것이다. 메타버스는 이미 우리 곁에 가까이 다가왔다는 것을.

사회적 가치를 실현하는 브랜드

지금까지 현실 세계를 넘어 가상 세계 속 브랜드 체험까지 알아 봤다. 과거와 다르게 브랜드 영역이 확장되면서 브랜드가 책임져야 할 역할도 다양해졌다. 그러면 우리는 다음과 같은 생각도 해 볼 수 있다. '사회 공동체 관점에서 봤을 때, 브랜드도 사회적 가치를 실현할 수 있을까?'

지속 가능한 미래와 브랜드의 역할

코로나19가 지구를 덮친 상황 속에 우리는 평범한 일상을 그리워하며 지난 몇 년을 보냈다. 친구들과 자주 가던 떡볶이집에서 수다를 떨 수 없었다. 학교에서 선생님과 친구들을 만나는 대신 각자 집에서 줌으로 수업을 들었다. 버스를 탈 때도 우리는 답답한 마스크를 여전히 써야 한다.

2020년부터 2022년까지 제약회사 화이자와 모더나는 전 세계에서 가장 짧은 시간 동안 강력한 브랜드 인지도를 확보했다고 해도 과언이 아닐 것이다. 전 세계 수많은 사람이 화이자와 모더나에서 개발한 백신을 맞았다. 코로나19 이전에는 두 회사가 이 정도로 주목받지는 않았다.

코로나19 때문에 집에 머무는 시간이 늘어나면서 음식점에 직접 가기보다 집에서 시켜 먹는 경우가 많아졌다. 그러면서 배달 음식 앱의 매출이 폭발적으로 증가했다. 2021년 기준 배달의 민족과 요기요, 두 브랜드의 매출만 1조 3천억 원을 기록했을 정도다.

"당근이세요?"라는 유행어를 만들어 낸 당근마켓은 2021년 한 해에만 1억 5천만 건의 중고 거래를 달성했다. 코로나19로 인한 사회적 거리 두기 때문에 대면 쇼핑이 줄어들고 대신 중고 거래 시장이 활발해진 것이다.

지난 몇 년간 우리는 환경 오염으로 인한 기후 재난도 겪어 왔다. 내게 닥칠 일은 아니라고 생각해서 다음 세대에게 미뤘던 환경 보호는 사실 우리가 지금 당장 해결해야 할 숙제다. 환경, 사회 그리고 경제적 관점에서 기업들의 '미래를 위한 지속 가능한 경영'은 이제 선택이 아닌 필수다. 이러한 변화 속에서 여러분이 개발한 브랜드에게 또 하나의 책임이 부여될 수밖에 없다. '지속 가능한 미래를 위해 나의 브랜드는 사회적 가치를 어떻게 실현

할 수 있을까?'

기업의 사회적 책임은 크게 네 가지로 구성된다. 경제적 책임, 법적 책임, 윤리적 책임 그리고 자선적 책임이다. 첫째, 경제적 책임은 기업 본연의 역할이라 할 수 있는 이윤 창출 활동이다. 좋은 품질의 제품을 소비자에게 판매하면 기업의 이윤으로 이어지고 활발한 경제 활동의 선순환으로 이어진다. 기업이 경제적 책임에 집중한다는 것은 기업의 역할을 충분히 하고 있다고 해석되기 때문에, 기업이 선택할 수 있는 가장 기본적인 책임 활동으로 간주한다.

둘째, 법적 책임은 합법적인 기업 활동을 의미한다. 법을 준수한다는 것은 기업이 사회 구성원과의 불필요한 갈등을 사전에 방지하고 건전한 자본주의를 실현한다는 점에서 의미가 있다.

셋째, 윤리적 책임은 법으로 규정되어 있지 않지만, 사회 구성

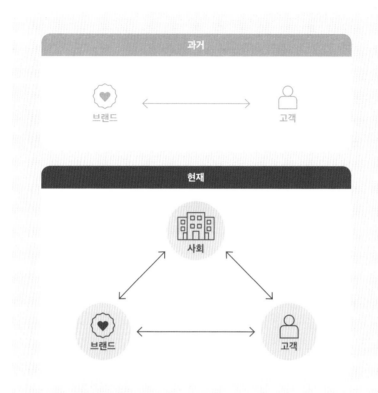

브랜드의 사회적 책임에 대한 역할 변화

원이 동의할 수 있는 정의, 도덕 그리고 사회 규범 등을 실현하는 활동이다. 법으로 명시되어 있지 않기 때문에 윤리적 책임을 다하려면 자발적이며 이타적인 동기가 있어야 한다.

마지막으로 자선적 책임은 기업이 인류 복지와 선의를 실현하는 활동이다. 문화 예술, 교육 그리고 지역 커뮤니티 지원 등을 자선적 책임의 예로 볼 수 있다. 자선적 책임은 삶의 질을 높이고 지속 가능한 공동체를 실현하는 것이 목적이다.

뷰티 브랜드인 더바디샵은 1976년 창립된 이래로 지금까지 환경과 인권 보호를 위한 다양한 사회 활동을 해왔다. 향유고래 포획 반대 및 동물 실험 반대 캠페인을 주도해 왔으며, 전 세계 여성의 권익을 높이기 위한 행동 캠페인도 진행해왔다. 이와 비슷한 국내 기업으로는 아로마티카가 있다.

플라스틱 재활용에 대한 관심이 높아지고 있지만, 화장품 용기는 그렇지 않다. 화장품 용기의 90%는 재활용해서 사용할 수 없다. 재활용이 어려운 재질로 만들어질 뿐만 아니라 분리배출을 하더라도 용기 안에 남아 있는 화장품 때문에 다른 재활용품까지 오염시키는 문제가 발생하기 때문이다. 어쩌면 화장품 소비는 예쁜 쓰레기를 버리는 것과 같을 지도 모른다. 아로마티카는 쓰레기 배출량을 0으로 만든다는 뜻의 '제로 웨이스트'를 위해 화장품 공병을 가져오면 내용물을 채워 주는 '리필 스테이션'을 운영하고 있다. 리필 스테이션이 있는 매장 앞에는 이러한 문구가

더바디샵은 사회적 가치를 실현하는 다양한 활동을 이어 왔다.

붙어 있다. "잔재 쓰레기 제로를 꿈꾸는 기지입니다." 더바디샵과 아로마티카는 아름다움을 위해 구매하는 브랜드다. 나의 아름다움은 오로지 '나'를 위한 소비이지만, 두 브랜드는 '우리'를 위한 가치를 실현하고 있다.

유적을 복원하는 명품 브랜드

"루이비통이 사회적 책임 활동을 한다고? 평범한 사람은 꿈도 못 꾸는 비싼 제품을 부자들한테 팔아서 돈 많이 벌었나 보다."

명품 브랜드의 사회적 가치 실현은 분명 환영할 만한 일이다. 하지만 여전히 많은 사람이 비판적인 태도를 보인다. 명품 브랜드는 재력과 명예 그리고 사회적 권력을 지향하지만 사회적 책임은 공정, 복지, 정의를 지향하기 때문이다. 애초에 명품 브랜드는 선의의 사회적 활동을 하더라도 대중의 따가운 눈초리에서 벗어날 수 없는 것이다. 그러나 명품 브랜드 기업들은 명품 산업 자체가 여러 경제적 효과를 가져온다고 주장한다. 실제로 프랑스에서는 명품 산업을 통해 연간 17만 개의 일자리가 생겨 나고 있으며, 이탈리아의 유명 재력가 중 절반 이상은 명품 산업에 종사하고 있다. 이는 그들이 경제적·법적 책임을 문제없이 수행하고 있음을 의미한다. 하지만 명품 브랜드가 경제적·법적 책임을 다하더라도 대중은 명품 브랜드의 사회적 활동에 대한 진정성을 의심할 수밖에 없다.

그렇다면 명품 브랜드는 사회적 책임을 어떻게 다해야 사람들에게 인정받을 수 있을까? 영화 <로마의 휴일> 촬영지로 유명한 스페인 계단이탈리아 로마의 기념물은 2016년 이탈리아의 명품 브랜드 불가리로부터 1,500만 유로의 기부를 받아 복원 작업을 마쳤다. 불가리는 또한 같은 해 카라칼라 욕장이탈리아 로마에 있는 공중목욕탕 유적 바닥 복원 프로젝트를 후원했으며 2021년 라르고 아르헨티나 성역이탈리아 로마에 있는 광장 유적 복원 프로젝트에도 함께했다. 불가리는 오랫동안 로마의 기념비적인 유적과 건축물을 복원하기 위한 문화 후원을 해온 것이다. 불가리가 로마의 아름다움을 모티프로 탄생한 브랜드라는 점에서 브랜드 정체성과 일치하는 사회적 책임 활동이라고 평가할 수 있다.

루이비통 역시 불가리와 비슷한 문화 예술 후원 활동을 하고 있다. 루이비통은 '루이비통 재단'을 운영하면서 보다 많은 사람이 미술 작품을 관람할 수 있도록 기회를 제공한다.

불가리와 루이비통의 사회적 책임은 어떤 유형의 책임 활동이라고 할 수 있을까? 두 브랜드는 역사와 문화 예술을 지원하는 자선적 책임을 실현하고 있다고 볼 수 있다. 여러분 중 몇몇은 역사와 문화 예술 지원이 사회적 가치를 실현하는 활동으로 보기는 어렵다고 생각할 수도 있다. 그러나 환경 보호를 위한 활동 못지않게 인류의 유산을 보존하고 문화적 가치를 실현하는 활동

로마의 아름다움을 모티프로 탄생한 불가리는 이탈리아 로마의 유적 복원을 후원함으로써 사회적 책임을 실현했다.

역시 인류의 복지를 위해 필요하다. 이러한 자선적 책임은 기업
이 해야 하는 경제적·법적 책임보다 자발적인 공헌으로 볼 수 있
으므로 사회적 존경을 받아 마땅하다.

진로찾기 **메타버스 콘텐츠 크리에이터**

브랜드 콘텐츠를 만들어 수익을 창출하는 것은 소수 기업이나 유명 연예인 혹은 인플루언서에게만 해당하는 이야기가 아니다. 현실과 가상 세계가 혼합된 메타버스 속에서는 누구나 나만의 콘텐츠를 기획해 브랜드로 만들 수 있다. 현실 세계의 브랜드를 가상 공간에서도 재현할 수 있을 뿐만 아니라 현실 세계에 존재하지 않는 가상의 브랜드를 만들 수도 있는 것이다. 메타버스에서는 직접 만든 콘텐츠가 곧 브랜드가 된다.

현재 메타버스 콘텐츠 크리에이터가 가장 활발하게 활동하는 곳은 네이버Z의 제페토다. 제페토에서 활동하는 크리에이터는 아이템 크리에이터, 월드맵 크리에이터, 콘텐츠 인플루언서 등이 있다. 아이템 크리에이터는 아바타가 사용하는 아이템옷이나 액세서리을 제작하며, 월드맵 크리에이터는 메타버스 속에서 아바타들이 활동하는 공간을 만든다. 콘텐츠 인플루언서는 메타버스 속 다양한 콘텐츠를 소개하고 알리는 역할을 한다.

모든 제페토 이용자들은 스튜디오에서 나만의 아이템을 만들 수 있다. 아바타가 입는 의상과 액세서리 등을 직접 만들 수 있고, 아바타가 활동하는 공간도 설계할 수 있다. 직접 디자인한 아이템이 판매되면 수익의 일부분을 가상 화폐로 받을 수 있고, 일정 금액이 넘으면 실제 돈으로 전환할 수도 있다. 네이버Z에 따르면 2022년 5월 기준 약 250만 명의 크리에이터가 제페토에서 활동하고 있다. 크리에이터들이 제작한 아이템은 약 450만 개이며, 판매된 아이템 개수는 1억 개 이상인 것으로 알려진다.

네이버Z의 제페토와 함께 SKT의 이프랜드^{ifland} 역시 메타버스 콘텐츠 크리에이터가 활동할 수 있는 곳이다. 이프랜드 이용자들은 이프랜드 스튜디오에서 아바타 코스튬을 쉽고 빠르게 만들 수 있다. 제페토와 마찬가지로 이용자가 직접 만든 코스튬을 이프랜드 스튜디오에 등록하면 다른 아바타들과 공유하고 거래도 할 수 있다.

그뿐만 아니라 내가 직접 쓴 시나리오를 가지고 스톱모션^{화면에서 연기자나 대상물을 움직이지 않는 상태로 정지하는 기법} 형식의 웹드라마도 만들 수 있다. SKT는 이프랜드에서 시청할 수 있는 영상 콘텐츠를 만들기 시작했는데, <만약의 땅>, <청혼> 등의 드라마를 제작해 이프랜드에서 공개했다.

메타버스 콘텐츠 크리에이터가 되기 위해 꼭 배워야만 하는 전공은 없지만, 아이템을 만들고 싶다면 시각 디자인이나 3D 모델링 전공이 유리하고 월드맵 크리에이터가 되고 싶다면 공간 디자인이나 3D 캐드를 공부하면 도움이 된다.

안녕하세요. 발달 장애 아동을 돕는 소셜 벤처 기업 초록고래의 공동 창업자이자 마케팅과 서비스를 담당하는 김기범이라고 합니다. 저는 지난 10년간 다양한 스타트업에서 경력을 쌓아 왔고, 2022년 9월에 글로벌 벤처 투자사의 예비 창업자 육성 프로그램에 선발되어 초록고래를 만들게 되었습니다.

1. 초록고래는 어떤 브랜드인가요?

저희는 다양한 정신 건강 유형 중에서도 영유아 발달 장애에 관심이 있었습니다. 하지만 발달 장애 아동을 위해 체계적인 교육을 제공하는 기관이 절대적으로 부족하다는 것을 알게 되었어요. 물론 작은 민간 센터에서 이러한 교육을 하고 있지만, 체계적이지 않아서 아이들에게 큰 도움이 되지 않습니다. 이러한 문제를 해결하기 위해 정신 건강 의학과 전문의와 스타트업 리더 경험이 있는 멤버들이 의기투합해 초록고래 브랜드를 만들게 되었습니다.

2. 초록고래가 태어난 배경은 무엇인가요?

초록고래는 숲으로 온 고래를 의미하는 동시에 발달 재활이 필요한 아이들을 상징합니다. 원래 고래는 바다에 살잖아요. 초록빛 숲으로 온 고래는 특별하면서 동시에 숲속 생활에 적응하기 위해 많은 도움과 이해가 필요한 존재라고 할 수 있죠. 발달 문제를 겪는 아이들도 우리 사회에서 더불어 살아가기 위해 사회 구성원들의 도움과 이해가 필요해요. 그리고 아이에게 비장애인 친구가 생겼으면 하는 부모님들의 소망도 있고요. 고래와 숲속 동물 친구들이 함께 어울리는 모습을 초록고래에 담으려고 합니다.

3. 초록고래는 어떤 서비스를 제공하나요?

발달 장애를 겪는 아동을 위해 전문 선생님의 가정 방문 서비스를 제공합니다. 영역별 전문가가 모여 아이를 위한 교육 과정을 설계하고, 아이가 평소 생활하던 환경에 잘 적응할 수 있도록 필요한 지식과 기술을 알려 줄 선생님들이 직접 집에 방문하는 서비스입니다.

4. 초록고래는 소셜 벤처 브랜드라고 소개했는데요, 소셜 벤처란 무엇인가요?

소셜 벤처는 혁신적이고 지속 가능한 경제 모델을 활용해 경제적 이익과 사회적 가치를 함께 실현하는 조직을 말합니다. 영리를 추구하는 기업 활동을 하는 것과 동시에 환경, 교육, 건강 등에 관련된 사회 문제도 함께 해결하는 것을 목표로 합니다.

기업 활동을 통해 지속해서 성장하고 이익을 내는 것을 목표로 하지만, 오로지 이익 올리기에만 몰두하는 것이 아니라 사회적 가치 실현도 동등하게 추구합니다. 사회적 가치를 실현하는 활동이 경제적인 이익을 내는 것으로 연결되는 선순환 구조를 만드는 것이 소셜 벤처라고 할 수 있죠. 글로벌 아웃도어 브랜드 파타고니아를 떠올리면 이해가 쉬울 겁니다.

5. 앞으로 초록고래 브랜드를 어떻게 운영해 나갈 계획인가요?

초록고래만의 재활 교육 시스템을 탄탄하게 만드는 것이 최우선 목표입니다. 탄탄한 시스템을 기반으로 서울과 수도권부터 서비스를 시작해 전국으로 확장할 계획입니다. 또한, 발달 장애 아이들에 대한 인식을 바꾸는 콘텐츠도 기획하고 있습니다. 드라마 <이상한 변호사 우영우>가 발달 장애인을 향한 사회의 부정적인 시선을 어느 정도 개선하고 그들의 어려움에 공감하자는 메시지를 전달한 것처럼요. 비장애 아동과 장애 아동이 더불어 사는 세상이 되도록 돕는 것이 초록고래의 정체성이자 비전입니다.

6. 소셜 벤처 브랜드를 개발하고 싶은 사람에게 해주고 싶은 말이 있나요?

무엇보다 '지속 가능한'이라는 키워드를 꼭 염두에 두길 바랍니다. 사회적 책임을 실현해야 지속해서 성장할 수 있기 때문입니다. 사회적 가치 실현과 연관된 진로를 고민하고 있다면, '인액터스^{사회적 책임감을 갖춘 실천형 비즈니스 리더십 대학생 단체}'와 같은 사회 문제 해결 프로젝트 단체 활동에 참여하는 걸 추천해요. 프로젝트를 직접 경험해 볼 수 있고, 선배 창업가나 종사자와 교류할 기회 또한 열려 있습니다. 앞으로 여러분이 소셜 벤처가 아닌 다른 직종에 종사하더라도 사회적 가치와 책임은 꼭 기억하길 바랍니다.

4장

나도 브랜드가
될 수 있을까?

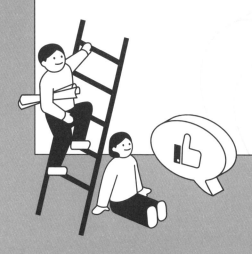

우리는 누구나 '휴먼 브랜드'가
될 수 있는 시대에 살고 있다.

내 이름으로 브랜드를 만든다면

나의 아이가 세상에 나오기 전에 아내와 나는 아이를 '반짝이'라고 불렀다. 세상에 빛을 비추는 사람이 되기를 바라는 마음에서 지은 태명이었다. 물론 반짝이가 태어나고 나서는 '전반짝'이라는 이름을 나라에 등록할 수 없으므로, 진짜 이름을 짓기 위해 오랫동안 고민했다. 태명과는 다르게 호적에 등록하는 이름은 평생 수많은 사람에게 불리게 될 것이기 때문이다.

휴먼 브랜드란?

미국 매사추세츠 주립대학의 매튜 톰슨 교수는 사람도 하나의 독립된 브랜드가 될 수 있다고 주장했다. 대중의 신뢰와 평판 그리고 인기 등을 바탕으로 사회적 영향력을 지니게 된 유명인은

'휴먼 브랜드'가 될 수 있다는 것이다. 그뿐만 아니라 대중이 휴먼 브랜드로부터 자율성, 관계성, 능력을 인식하면 그 휴먼 브랜드에 애착하게 된다고 했다.

먼저 자율성은 자기 모습을 능동적이고 자유롭게 표현할 수 있는 정도로 정의한다. 대중은 가수 싸이의 노래를 들으면서 예쁘고 잘생겨야 한다는 강박 관념에서 어느 정도 벗어난다. 그리고 내 모습 그대로를 사랑할 수 있다는 것을 경험한다. 잘생기진 않아도 늘 당당하고 자신감 넘치는 싸이의 모습을 통해 대중은 자신감을 얻는다.

다음으로 관계성은 유명인과 심리적으로 얼마나 연결되어 있는지를 뜻한다. 휴먼 브랜드와의 관계성이 형성되면 우리는 그 유명인으로부터 관심을 받는다고 느끼기도 한다. 대중은 기업인이자 요리 연구가인 백종원에게 친밀감을 느낀다. 다른 기업인이나 요리사들은 왠지 거리감이 느껴진다. 하지만 자신만의 레시피를 알려주고 어려움을 겪는 소상공인을 돕는 백종원의 모습은 마치 옆집 아저씨 같은 푸근하고 인자한 인상을 준다.

마지막으로 능력은 유명인의 전문적인 능력을 간접적으로 경험할 수 있는 정도다. 농구를 좋아하는 사람들은 잘 알 것이다. 농구를 할 때 숫자 23이 각인된 조던 농구화를 신으면 평소보다 점프도 더 잘 되는 것 같고, 덩크슛도 할 수 있을 것 같은 기분을 느껴 봤을 것이다. 미국 프로 농구 NBA의 전설이라고 불리는 마

에어 조던은 마이클 조던이 보증하는 브랜드다.

이클 조던은 나이키의 상징과도 같은 인물이다. 그의 등 번호 '23'은 여전히 많은 농구 팬을 설레게 한다. 그리고 그의 별명 에어 조던^{Air Jordan}은 마이클 조던의 휴먼 브랜드이자 나이키의 프리미엄 브랜드 역할을 하고 있다. 에어 조던 농구화 시리즈는 그 희소성 때문에 비싼 가격에 거래된다. 은퇴 후 20여 년이 지났지만, 농구를 전혀 모르는 사람도 조던은 안다.

매튜 톰슨이 정의한 내용만 보면 사회에 영향을 미칠 수 있는 유명인, 즉 셀럽만이 휴먼 브랜드가 될 수 있을 것만 같다. TV나 라디오 같은 매체가 전부였던 과거에는 유명인이 되는 방법이 매우 제한적이었다. 그러나 지금은 어떤가? 유튜브, 인스타그램, 틱톡 같은 소셜 네트워크 서비스를 통해 언제든지 그리고 누구든지 유명인이 될 수 있다.

셀럽이 아니어도 휴먼 브랜드가 될 수 있다

2장에서 이야기했던 브랜드 회상을 다시 해보자.

현재 케이팝을 대표하는 아이돌 그룹은?
'BTS, 에스파, 세븐틴, 아이브, NCT, 몬스타엑스, 르세라핌'

요새 가장 웃긴 개그맨은?
'유세윤, 장도연, 박나래, 김민수, 이용주, 김원훈, 조진세'

우리나라를 대표하는 운동선수는?

'김연아, 김연경, 손흥민, 이정후, 류현진, 김하성, 이강인'

제일 잘 나가는 먹방 유튜버는? 수능 일타 강사는?

우리는 각 분야에서 이름이 잘 알려진 유명인들을 알고 있다. 문화·예술, 과학, 교육, 스포츠, 의학 등 각 분야에서 사람들의 이름을 알고 있으며 혹은 아직 유명하진 않지만 나만 알고 있는 사람도 있다. 1장에서 보았듯이 브랜드는 본래 내 상품을 다른 상품과 구별하기 위해 드러내는 기호나 문자 따위의 표시다. 하지만 우리는 기호나 문자 따위의 표시에 생명을 불어넣었고, 브랜드가 사회적 가치를 수행할 수 있다는 걸 알았다.

여러분의 이름을 생각해 보자. 부모님이 여러분을 단순히 다른 아이들과 구별하기 위해 이름을 짓진 않았을 것이다. 여러분의 이름에는 분명 어떤 의미가 있다. 여러분의 이름이 브랜드 네임이라면 이름의 의미는 앞에서 보았던 브랜드 정체성이다.

지금까지 우리는 나만의 브랜드를 만들어 성장시키는 과정에 대해 알아보았다. 새로운 브랜드를 만들어 인지도를 높이고, 브랜드 정체성에 맞게 브랜드를 관리하며, 내가 만든 브랜드가 안정적으로 자리를 잡는 여정이었다. 그리고 제품이나 서비스뿐만 아니라 사람도 휴먼 브랜드가 될 수 있다는 것도 알게 되었다.

과거와 다르게 유튜브, 인스타그램, 틱톡 같은 소셜 미디어가 발달하면서 누구나 유명해질 수 있게 되었고, 사회적 영향력도 발휘할 수 있게 되었다. 이는 여러분의 이름이 대중에게 알려지는 것은 이제 그리 어렵지 않다는 것을 의미한다. 하지만 여러분의 이름이 가치를 갖고 많은 사람에게 기억되기 위해 이름이 지닌 의미를 실현할 방법이 무엇인지 고민해 봐야 한다.

내가 아는 어느 교수님의 이름이 '아름다운 향기'라는 뜻의 미향美香이다. 할아버지께서 지어 주셨다고 들었는데, 이름이 촌스러워 어렸을 적 친구들에게 많은 놀림을 받았다고 한다. 하지만 현재 그 교수님은 학생들에게 아름답고 선한 영향력을 미치며 많은 존경을 받는다. 그 교수님의 정체성과 교수님에 대해 학생들이 갖고 있는 이미지가 어느 정도 일치하는 것이다.

만약 부모님께서 지어주신 이름의 의미가 여러분이 추구하는 이상적 가치와 다르다면? 평소 내 모습이 아닌 새로운 모습의 나인 '부캐'를 만들어 그 부캐 속 의미를 실현하면 된다. 여러분이 휴먼 브랜드가 되는 것은 생각보다 어렵지 않다. 여러분의 이름이 갖고 있는 의미를 알고 그 의미를 실현한다면 누구나 휴먼 브랜드가 될 수 있다.

요즘은 소셜 미디어를 통해 누구나 유명인이 될 수 있다.

진로찾기 **변리사**

우리의 브랜드가 고객에게 사랑받기 시작했다고 해서 마냥 즐거워 할 수 있을까? 잘 나가는 브랜드가 있다면 이를 질투하는 브랜드도 있는 법. 특히 우리의 브랜드를 교묘하게 모방해서 브랜드 가치를 훼손하는 일을 겪는다면? 변리사는 이런 일을 당하지 않도록 우리 의 브랜드를 법적으로 지켜주고 보호해 주는 전문가다.

변리사는 특허권, 상표권, 디자인권과 같은 지적 재산권을 갖기 위한 절차를 도와주고, 이러한 권리를 두고 분쟁할 때 대신 변론해 주는 사람이다. 내가 만든 상품을 다른 회사나 업자의 상품과 구별 하기 위해 사용하는 상징이 상표인데, 거기서 발생하는 이익을 독 점적으로 사용하는 권리가 바로 상표권이다. 쉽게 말해 '내가 만든 브랜드는 오직 나만 사용할 수 있는 권리'라고 이해하면 된다. 브랜드 이름과 로고뿐만 아니라 브랜드와 관련된 특정 소리, 냄새, 색깔도 브랜드 가치로 인정받으므로 상표권을 확보할 수 있다. 미국의 대형 영화 제작사인 MGM의 사자 울음소리와 20세기 스튜디오의 오프닝 팡파르는 모두 미국 특허청에 소리 상표로 등록되어 있다.

변리사는 지적 재산권과 절차법에 관한 법률 지식을 지녀야 하며 과학, 기술, 디자인, 상표와 연관된 전문 지식을 갖춰야 한다. 국내에서 변리사가 되기 위해서는 변리사 자격시험에 합격해야 한다. 시험은 1, 2차에 걸쳐 치르게 되고 2차 과목 중 선택 과목은 자기 전공과 관련된 것을 선택하는 경우가 대부분이다. 또한 해외 사건을 맡으면 외국인이나 외국 기업과 소통해야 하므로 외국어 능력도 필요하다. 보통 미국, 일본, 중국의 기술을 조사하는 경우가 많으므로 이 중 하나 이상의 외국어 실력을 어느 정도 갖추면 좋다. 변리사는 특허 사무소에 고용되어 일하는 경우가 많지만, 일반 사기업의 특허팀이나 특허청의 심사관5급 공무원으로 일할 수도 있다.

변리사에 관심 있는 독자라면 국가법령정보센터의 특허법 전문을 정독해 볼 것을 권한다. 웹사이트law.go.kr를 통해서 쉽게 접할 수 있다. 변리사는 특허 관련법을 잘 알아야 하는 직업이기 때문에 법과 친해지려는 노력이 필요하다. 지적 재산에 포함되는 상표권은 무한한 부가 가치를 창출할 수 있으므로 앞으로도 경제적인 가치가 클 것이다. 따라서 변리사의 사회적인 수요 역시 지속해서 증가할 것으로 예상된다.

안녕하세요. 저는 현재 문구 브랜드 시즈너리SEASONERY의 기획자이자 프리랜서 카피라이터로 일하고 있는 유지인이라고 합니다. 대학생 때부터 짧게는 2개월, 길게는 1년 정도 은행, 공항, 금융 공기업 등에서 마케팅·홍보·영업·통계 등의 직무를 경험했습니다. 대학교 시절 우연히 수업을 통해 카피라이팅을 알게 되었고 수년간 다양한 카피를 써본 경험을 살려 현재 프리랜서 카피라이터로도 일하고 있습니다.

1. 카피라이팅은 구체적으로 어떤 일인가요?

카피라이팅Copywriting은 말 그대로 광고 문구copy를 쓰는writing 일입니다. 여러분은 "우리가 어떤 민족입니까?"라고 하면 어떤 브랜드가 떠오르나요? 여러분이 매일 보는 광고 속 글들이 카피라이팅의 결과물입니다. 하지만 카피라이팅은 단순히 재밌는 문장을 쓰는 일이 아닙니다. 브랜드에 대한 전반적인 이해를 바탕으로 팀원과 협업해서 하나의 작품을 완성해야 합니다. 그 짧은 한 문장을 위해 카피라이터는 매 순간 어떻게 하면 브랜드 정체성을 소비자에게 잘 전달할 수 있을지 고민합니다. 카피라이팅의 목표가 사람의 마음을 움직이는 것이기 때문이죠.

2. 유지인 님은 대학교 때 경영학을 전공한 걸로 알고 있는데요, 경영학과 카피라이팅은 서로 연관이 없어 보이기도 합니다. 어떻게 카피라이팅을 시작하게 되었나요?

저는 다양한 아이디어를 상상하고, 기록하고, 실현하는 것에 흥미를 느끼는 사람입니다. 대학생 시절 마케팅 수업에서 처음으로 카피라이팅을 알게 되었어요. 실제로 브랜드를 개발하는 과정에서 브랜드 이름, 슬로건 그리고 제품 소개 글 등 사람들의 마음을 움직이는 카피를 써보고 싶어졌습니다. 그러다 좋은 기회로 IT 서비스 기업의 프리랜서 카피라이터로 일하게 되었고, 지금까지 방대한 데이터를 분석하며 다양한 카피를 써오고 있습니다.

3. 카피라이팅을 하면서 가장 보람을 느낄 때는 언제인가요?

제가 쓴 카피가 실제로 고객의 관심을 끌거나 구매로 이어질 때 보람을 느낍니다. 예를 들어 IT 서비스 기업에서 새로운 기능이 출시되거나 이벤트를 진행하면 연령대와 관심사 별로 타깃을 분류해 그들의 시선에서 카피를 만듭니다. 매력적인 단어와 어조, 이미지를 신중하게 조합해 광고 배너를 기획하고요. 이후 광고 지표를 분석해 해당 배너가 고객을 움직였다는 평가를 받으면 큰 뿌듯함을 느낍니다.

4. 문구 브랜드 시즈너리를 소개해 주세요.

대학교 시절부터 다양한 기업에서 경력을 쌓다 보니 나만의 브랜드를 개발하는 데 관심이 생겼어요. 그래서 제가 개인적으로 가장 좋아하는 문구 분야에서 나만의 브랜드를 만들어 보기로 결심했죠. 그렇게 2018년 겨울에 시즈너리를 런칭하게 되었고, 지금까지 디자인, 판매 등의 운영 관리를 해오고 있습니다. 시즈너리는 season^{계절}과 stationery^{문구}의 합성어로, 직접 찍은 사진과 아름다운 그림을 문구 제품으로 만드는 브랜드입니다. 브랜드 런칭 초반에는 플리마켓에서 오프라인 판매를 진행했고 이후 그 수익금을 바탕으로 온라인 사이트를 열었습니다. 그리고 첫 달에 오프라인 판매액 100% 이상의 수익을 낼 수 있었습니다. 이후 더욱 다양한 플리마켓에 참여하면서 500명 이상의 판매자와 고객을 만났습니다.

5. 나만의 브랜드를 만들기 위한 노하우를 알려 주세요.

세상에 호기심을 갖고 다양한 경험을 쌓다 보면 분명 내가 잘할 수 있는 것 하나쯤은 찾을 수 있습니다. 무엇을 잘할 수 있을지 몰라 막막하게 느껴질 땐 '내가 좋아하는 것'에서 힌트를 찾아보세요. 그리고 찾았다면 일단 시작하세요! 완벽하지 않아도 좋습니다. 무엇이든 되게 만드는 힘은 결국 실행력에서 나오니까요. 그렇게 시행착오를 겪다 보면, 누구나 자연스럽게 나만의 브랜드를 만들 수 있을 거예요.

롤 모델 찾기 **삼성전자 사장 이영희**

삼성전자 갤럭시의 브랜드 철학은 다음 두 문장으로 설명할 수 있다. '불가능을 가능하게 하라^{Do What You Can't}', 그리고 '한계를 극복하라 ^{Defy Barriers}.' 이러한 브랜드 철학을 이끈 인물이 바로 삼성전자 최초의 여성 사장 이영희다.

2022년 12월, 이영희는 삼성전자 DX부문 글로벌 마케팅 센터장 부사장에서 DX부문 글로벌 마케팅 실장 사장으로 승진했다. 그녀는 1987년 연세대 영어영문학과를 졸업하고 1989년 노스웨스턴 대학교에서 광고 마케팅학 석사 학위를 받았다. 이후 유니레버코리아, SC존슨코리아, 로레알코리아 등 주로 굵직한 외국계 기업에서 마케팅 전문가로 활약해 왔다. 2007년 삼성전자에 입사했고, 2012년부터 2017년까지 무선 사업부 전략 마케팅실의 마케팅 팀장으로 일했다. 그리고 2017년 이후 지금까지 글로벌 마케팅 센터장을 맡아왔다.

그녀는 삼성전자를 대표하는 휴대폰 브랜드 애니콜을 갤럭시로 바꾸는 데 이바지했다. 삼성전자 관계자는 그녀에 대해 "2007년 삼성전자 입사 후 갤럭시 브랜드 마케팅을 이끌고 현재까지 고객 가치와 경험 중심 회사로의 성장을 선도해 왔다"라고 말하며 "삼성전자 최초 여성 사장으로서 조직에 새로운 활력을 불어넣을 것"이라는 의견을 밝혔다.

이영희 사장은 2013년에 포브스^{미국의 경제 잡지}가 선정한 세계에서 가장 영향력 있는 최고 마케팅 담당자^{CMO} 2위를 수상하기도 했다. 당시 포브스는 "소비자를 명확히 분석해 소비자 중심의 마케팅 전략을 도입한 후, 삼성전자는 전 세계 소비자들이 사랑하는 브랜드로 성장할 수 있었다"라고 평가했다.

이영희 사장은 갤럭시 노트7 폭발 사고에 신속하게 대처하면서 입지를 다질 수 있었다. 2016년 8월, 갤럭시 노트7이 출시되자마자 국내외에서 100여 건에 가까운 폭발 사고가 발생했는데, 삼성전자는 전 세계에서 유통되던 모든 갤럭시 노트7 판매를 중단한 후 신제품으로 교환하는 리콜을 실시했다. 이영희 사장은 갤럭시 노트7으로 생긴 브랜드 위험을 성공적으로 극복했다.

이영희 사장의 브랜드 철학은 2017년 한 언론사와의 인터뷰에서 확인할 수 있다. "삼성전자가 세계 1위의 회사라지만 그게 소비자에게 어떤 의미가 있을까요? 그래서 평소에도 엔지니어들에게 소비자에게 '의미 있는 혁신'을 해야 한다고 강조합니다. 혁신 기술에 대해 '그래서 그게 어쨌다는 건가요?'라고 질문하면 엔지니어들이 답할 수 있어야 해요."

전 세계 스마트폰 시장을 휩쓸고 있는 갤럭시 시리즈의 앞으로의 행보는 이영희 사장과 함께 더욱 승승장구할 것으로 기대된다.

과거에는 브랜드 자산을 측정하려면 해당 브랜드의 매출 혹은 수익에 근거해 측정했었다. 즉 '기업 관점'에서 브랜드 자산이 측정된 것이다. 하지만 매출이나 수익이 높다 하더라도 고객이 해당 브랜드에 부정적인 이미지를 갖고 있다면 브랜드 자산은 지속되기 어렵다고 주장한 학자가 있다. 바로 다트머스 대학교의 케빈 L. 켈러 교수다. 그는 브랜드 자산을 기업의 관점이 아닌 고객의 관점에서 측정할 것을 제안하고, 그것을 과학적으로 체계화한 인물이다.

그는 소비자의 행동과 심리를 바탕으로 브랜드를 관리하는 법에 관심을 갖고 다양한 연구를 해왔다. 그는 고객 관점의 브랜드 자산이 만들어지기 위해서는 고객이 갖고 있는 브랜드 지식과 브랜드 연상이 중요하다고 주장했다. 여러분이 앞서 읽었던 브랜드 인지도와 브랜드 이미지가 바로 켈러 교수가 주장한 고객 관점의 브랜드 자산에서 나온 것이다. 켈러 교수는 소비자가 특정 브랜드를 단순히 아는 것을 넘어, 긍정적인 경험을 통해 호감이 생기면 고객과 브랜드 사이에 끈끈한 유대 관계가 만들어질 수도 있다고 주장했다. 이는 브랜드의 매출이나 수익만으로 설명할 수 없는 소비자의 심리와 행동이 반영되었다는 점에서 의미가 있다. 앞서 소개한 뉴로마케팅에 관심이 있다면 켈러 교수의 책을 읽어 보기를 권한다.

켈러 교수는 이러한 지식에 근거해 다양한 프로젝트를 진행했다. 미국의 전략 컨설팅 회사인 액센츄어, 미국의 금융 회사인 아메리칸 익스프레스, 디즈니, 자동차 회사 포드, 인텔, 리바이스, P&G 그리고 삼성전자 등의 기업에서 브랜드 관리 자문직을 맡았다.

하고 싶은 일을 하려면 무엇을 준비해야 할까?
관심 있는 직업을 직접 조사해 보자.

나의 관심사	
나의 성격	
좋아하는 공부	
내가 되고 싶은 직업	

이 직업이 하는 일	❶
	❷
	❸
	❹
	❺

진출 분야	
필요한 능력	
해야 할 공부 및 활동	
관련 자격증	
이 직업의 롤 모델	

참고 자료

웹사이트

- 국가법령정보센터 www.law.go.kr

논문

- 김은성, 전주언. 기업의 경제적 책임투자와 자선적 책임투자 증액비율이 소비자 태도에 미치는 영향: 소비자의 도덕적 정체성을 중심으로. 마케팅관리연구, 26(2), 65-84, 2021.
- 전주언. 럭셔리 브랜드의 사회적 책임활동에 대한 연구: CSR 활동 유형과 메시지 구성을 중심으로. 마케팅관리연구, 21(4), 45-66, 2016.
- 전주언. 메타버스 플랫폼의 사용자 경험 기반 디자인 혁신성 (UXBDI) 평가: 사용자의 디자인 중심성 (CVPA) 에 따른 차이. 기업경영연구, 29(2), 87-110, 2022.
- Brakus, J. Jo˘sko, Schmitt, B. H. & Zarantonello, L. "Brand Experience: What Is It? How Is It Measured? Does It Affect Loyalty?". Journal of Marketing, 73(3), 52–68, 2009.
- Carroll, A. B. & Brown, J. A. Corporate social responsibility: A review of current concepts, research, and issues. Corporate Social Responsibility. 360(2), 39-69, 2018.
- Keller, K. L. Conceptualizing, measuring and managing customer-based brand equity. Journal of Marketing, 57(1), 1-22, 1993.
- Park, C. W., Jaworski, B. J. & MacInnis, D. J. Strategic brand concept-image

management. Journal of Marketing, 50(4), 135-145, 1986.

- Jeon, J. E. The impact of brand concept on brand equity. Asia Pacific Journal of Innovation and Entrepreneurship. 11(2), 233-245, 2017.
- Jeon, J. E. & Lee, J. Brand schematicity moderates the effect of aesthetic brands on brand accessories purchase intentions. Social Behavior and Personality: an international journal, 44(10), 1733-1746, 2016.
- Jeon, J. E. The Effects of User Experience-Based Design Innovativeness on User-Metaverse Platform Channel Relationships in South Korea. Journal of Distribution Science, 19(11), 81-90, 2021.
- Thomson, M. Human brands: Investigating antecedents to consumers' strong attachments to celebrities. Journal of marketing, 70(3), 104-119, 2006.
- 전주언. 주도 브랜드-성분형 브랜드 관계에서 브랜드 협업에 대한 연구, 마케팅논집, 25(2), 143-161, 2017.
- Tripat, G. "Convergent Products: What Functionalities Add More Value to the Base?". Journal of Marketing, 72(2), 46-62, 2008.

사진출처

- 25쪽 Brett Jordan / Unsplash.com
- 29쪽 Vista Wei / Unsplash.com
- 61쪽 Dym Cozzy / Unsplash.com
- 67쪽 22FW SYSTEM×Hankook New movement collection
- 96쪽 Meghna R / Unsplash.com
- 99쪽 Sonse / wikipedia.org
- 113쪽 Travis Essinger / Unsplash.com
- 117쪽 Amanda Vick / Unsplash.com

▶ 중학교 ───

세계 최강의 브랜드를 만든다면

초판 1쇄 2023년 1월 25일

지은이 전주언

펴낸이 김한청
기획편집 원경은 김지연 차언조 양희우 유자영 김병수 장주희
마케팅 최지애 현승원
디자인 이성아 박다애
운영 최원준 설채린

펴낸곳 도서출판 다른
출판등록 2004년 9월 2일 제2013-000194호
주소 서울시 마포구 양화로 64 서교제일빌딩 902호
전화 02-3143-6478 팩스 02-3143-6479 이메일 khc15968@hanmail.net
블로그 blog.naver.com/darun_pub 인스타그램 @darunpublishers

ISBN 979-11-5633-526-9 44000
ISBN 979-11-5633-250-3 (세트)